Msc. José Carlos Mota

Dicionário de Computação e Informática

Dicionário de Computação e Informática

Copyright© Editora Ciência Moderna Ltda., 2010.
Todos os direitos para a língua portuguesa reservados pela EDITORA CIÊNCIA MODERNA LTDA.
De acordo com a Lei 9.610, de 19/2/1998, nenhuma parte deste livro poderá ser reproduzida, transmitida e gravada, por qualquer meio eletrônico, mecânico, por fotocópia e outros, sem a prévia autorização, por escrito, da Editora.

Editor: Paulo André P. Marques
Supervisão Editorial: Aline Vieira Marques
Copidesque: Nancy Juozapavicius
Capa: Paulo Vermelho
Diagramação: Janaína Salgueiro
Assistente Editorial: Vanessa Motta

Várias **Marcas Registradas** aparecem no decorrer deste livro. Mais do que simplesmente listar esses nomes e informar quem possui seus direitos de exploração, ou ainda imprimir os logotipos das mesmas, o editor declara estar utilizando tais nomes apenas para fins editoriais, em benefício exclusivo do dono da Marca Registrada, sem intenção de infringir as regras de sua utilização. Qualquer semelhança em nomes próprios e acontecimentos será mera coincidência.

FICHA CATALOGRÁFICA

MOTA, José Carlos.
Dicionário de Computação e Informática
Rio de Janeiro: Editora Ciência Moderna Ltda., 2010

1. Matemática. 2. Informática.
I — Título

ISBN: 978-85-7393-967-5   CDD 510
                              001.642

Editora Ciência Moderna Ltda.
R. Alice Figueiredo, 46 – Riachuelo
Rio de Janeiro, RJ – Brasil   CEP: 20.950-150
Tel: (21) 2201-6662 / Fax: (21) 2201-6896
LCM@LCM.COM.BR
WWW.LCM.COM.BR

Sobre o Autor

Professor universitário da UEPB (Universidade Estadual da Paraíba) lotado no Departamento de Matemática, Estatística e Computação do Centro de Ciências e Tecnologia, onde leciona diversas matérias no curso de Licenciatura em Computação, tais como: Linguagem de Programação II, Pesquisa Aplicada e Prática de Ensino de Computação V e VI. Atualmente está realizando doutoramento em Recursos Naturais da UFCG (Universidade Federal de Campina Grande – PB). Anteriormente, foi professor da ULBRA (Universidade Luterana do Brasil), no Departamento de Computação, onde lecionou as seguintes matérias: Fundamentos de Sistemas Operacionais, Redes de Computadores, Teleprocessamento, Projeto de Sistemas Operacionais e Sistemas Distribuídos. Trabalhou por doze anos no eixo Rio/São Paulo, onde atuou em diversas empresas de médio e grande porte. No Rio e em São Paulo, desenvolveu diversos projetos de software e implantação de produtos de hardware e software nas áreas de Bancos de Dados, Sistemas Operacionais e Redes de Computadores.

Colaboradores

Dra. Mércia Melo de Almeida (Professora Adjunta da UFCG – Universidade Federal de Campina Grande / Campus Pombal – PB)

Dr. Vladimir Costa de Alencar (Professor Doutor da UEPB – Universidade Estadual da Paraíba / Campus Campina Grande - PB)

Dr. Wilson Fadlo Curi (Professor Associado da UFCG – Universidade Federal de Campina Grande – PB)

Dedicatória

Dedico este dicionário a meus filhos Viktor e Ana Luiza.

Agradecimentos

Agradeço a Deus, a minha esposa Mércia, a meus familiares e a todos que direta ou indiretamente contribuíram para a elaboração desta obra.

Sumário

Termos que iniciam com números 1

Corpo do dicionário 5

Principais cargos profissionais da área de computação e informática 175

Universidades Brasileiras em ordem alfabética e seus respectivos sites. 181

Algumas importantes Universidades estrangeiras que possuem cursos de computação e seus respectivos sites. 191

Algumas Empresas Brasileiras e multinacionais de tecnologia de maior destaque e seus respectivos sites. 195

Numerais

10Base2

É um padrão de rede *Ethernet* que utiliza o cabo coaxial denominado *thinnet cable* (cabo fino) como meio de transmissão. Este padrão especifica uma taxa de transmissão de 10 Mbps que atinge uma distância máxima de 185 metros por segmento. Usa conectores do tipo BNC e o cabo é denominado de RG-58.

10Base5

É um padrão de rede *Ethernet* que utiliza o cabo coaxial denominado *thicknet cable* (cabo grosso) como meio de transmissão. Este padrão especifica uma taxa de transmissão de 10 Mbps que atinge uma distância máxima de 500 metros por segmento.

10BaseF

É um padrão de rede *Ethernet* que utiliza o cabo de fibra ótica como meio de transmissão. Este padrão opera a uma taxa de 10 Mbps.

10BaseT

É um padrão de rede Ethernet que opera com uma taxa de transmissão de 10 Mbps. Este padrão ainda é um dos mais utilizados em computadores residenciais, e aos poucos está sendo substituído pelo padrão 100BaseT, que é seu sucessor. Esse padrão segue a documentação do padrão do IEEE-802.3. Ver 802.3.

100BaseT

É um padrão de rede denominado de *Fast Ethernet*, que opera a uma taxa de transmissão de 100 Mbps. Este padrão é considerado o sucessor do padrão *ethernet* comumente utilizado, que é o 10BaseT.

1000BaseT

É um padrão de rede denominado de *Gigabit Ethernet*, que opera a uma taxa de transmissão de 1000 Mbps (1 Gbps). Este padrão é considerado o sucessor do padrão *fast ethernet*.

3Com

Empresa de grande porte na área de tecnologia de redes. Ver o site www.3com.com.

802.1

É um padrão do IEEE que mantém um Grupo de trabalho responsável pelo desenvolvimento de padrões e recomendações da área de redes de computadores. Esse grupo desenvolveu um documento que descreve o relacionamento entre os diversos padrões IEEE 802 e o modelo de referência OSI da ISO. Tal documento contém também normas para o gerenciamento da rede e informações para a ligação interredes.

802.2

É um padrão do IEEE que descreve as funções da camada de controle de enlace lógico (LLC – *Logical Link Control*). A subcamada LLC como ficou estabelecida é responsável pelos serviços oferecidos pelo nível de ligação (nível 2) e é comum aos vários métodos de acesso que são definidos pelo padrão IEEE 802.

802.3

É um padrão do IEEE que descreve a documentação definida para uma rede com topologia em barra que utiliza o protocolo CSMA/CD como método de acesso. Ver 10BaseT.

802.4

É um padrão do IEEE que descreve a documentação definida para uma rede com topologia em barra (*Token Bus*) que utiliza a passagem de permissão como método de acesso.

802.5

É um padrão do IEEE que descreve a documentação definida para uma rede com topologia em anel (*Token Ring*) que utiliza a passagem de permissão como método de acesso.

802.6

É um padrão do IEEE que estabelece normas para as redes metropolitanas (MAN – *Metropolitan Área Network*) que estão sob investigação pelos grupos de estudos do IEEE.

802.7

É um padrão do IEEE que descreve a documentação definida para trabalhar com o cabeamento de redes em banda larga.

802.8

É um padrão do IEEE que descreve a documentação definida com o objetivo de aplicar a fibra ótica como um meio alternativo de transmissão para os padrões 802.3, 802.4 e 802.5.

802.9

É um padrão do IEEE que descreve a documentação sobre uma arquitetura e interface padrão de dispositivos do tipo desktop para redes 802 e RDSI, utilizando par trançado para transmissão de voz e dados.

802.10

É um padrão do IEEE que descreve as normas e questionamentos sobre a segurança na troca de dados, criptografia de dados, aspectos de segurança em gerenciamento de redes e aplicação do modelo OSI na arquitetura de segurança para LAN's.

802.11

É um padrão do IEEE que descreve as normas para as redes sem fio (*wireless network*), denominado também de Wi-Fi (*Wireless Fidelity*).

802.12

É um padrão do IEEE que estabelece normas para as redes que operam a uma taxa de transmissão de 100 Mbps que incorpora a tecnologia desenvolvida pela *Hewlet Packard* denominada 100BaseVG-AnyLAN.

802.13

É um padrão não usado.

802.14

É um padrão do IEEE que define as especificações para usar modem via cabo que utiliza a infraestrutura de televisão a cabo.

802.15

É um padrão do IEEE definido para a comunicação de uma rede do tipo PAN (*Personal Area Network*) que inclui telefones e PDA (*Personal Digital Assistants*).

802.16

É um padrão do IEEE que forma um grupo de trabalho que descreve e estuda a tecnologia que permite o acesso a uma rede sem fio de alta velocidade (*WiMax*) que cobre uma área de longa distância e permite a comunicação entre equipamentos.

802.17

É um padrão do IEEE definido para aperfeiçoar o tráfego de dados em uma rede que utiliza fibra ótica em anel, também conhecida como RPR (*Resilient Packet Ring*).

802.18

É um padrão do IEEE que possui um grupo de estudos que monitora o interesse de seis projetos, a saber: IEEE 802.11 (*WLAN*), IEEE 802.15 (*WPAN*), IEEE 802.16 (*WMAN*), IEEE 802.20 (*Wireless Mobility*), IEEE 802.21 (*Handoff/Interoperability* entre redes) e IEEE 802.22 (*WRAN*).

802.19

É um padrão do IEEE que possui um grupo de pessoas denominado de TAG (*Coexistence Technical Advisory Group*) que estuda a coexistência entre outros padrões de redes.

802.20

É um padrão do IEEE que possui um grupo de estudos denominado de Mobile-Fi, que projeta o tráfego de rede via TCP/IP para acesso em banda larga de maneira totalmente móvel.

802.21

É um padrão do IEEE que possui um grupo de estudos com a finalidade de estabelecer algoritmos para resolver o problema de *Handoff/Handover* entre redes *wireless* do mesmo tipo, bem como de redes diferentes.

802.22

É um padrão do IEEE que possui um grupo de estudos que tem como finalidade normatizar as redes sem fio regionais (*Wireless Regional Area Network*).

ÁBACO

(Abacus)

É um dos aparelhos mais antigos, utilizado no Oriente com o objetivo de realizar operações matemáticas. O ábaco moderno possui um conjunto de varetas, cada qual com dois conjuntos de contas que, através de uma sintaxe muito complicada, permite a realização de todo tipo de cálculo, incluindo raíz cúbica.

ABSTRAÇÃO

(Abstraction)

Ato ou efeito de abstrair. Considerar componentes de um todo individualmente. Separar um problema em partes individuais para depois considerar todos em um sistema único.

ABANDONAR

(Abandon)

Encerrar uma aplicação sem salvar seu contexto atual em disco. Extrair ou retirar um programa ou arquivo da memória do computador.

ABEND

(Abnormal End)

Interrupção inesperada de um programa. Geralmente depois da ocorrência de um erro.

ABORTAR

(Abort)

Terminar um processo devido à ocorrência de algum problema. Desligar o computador manualmente, evitando maiores problemas quanto à perda de arquivos, caso o computador continue funcionando.

Abstract

(Resumo)

Corresponde ao resumo de um artigo científico. Versão resumida de um documento.

Accelerator Board

(Placa aceleradora)

É uma placa de circuito impresso que é geralmente utilizada para tarefas de CAD (aplicações profissionais), de animação (jogos eletrônicos), entre outras. Essas placas possuem processadores gráficos que podem ser também utilizadas em Realidade Virtual.

Accept

(Aceitar)

Concordar com os termos especificados. Aceitar e seguir em frente na instalação de um programa, como exemplo: termos de compromisso assumido pelo usuário.

Accesso

(Acess)

Ter acesso a um sistema ou arquivos de um computador.

Access Point

(Ponto de Acesso)

Equipamento localizado em um ponto estratégico que permite o acesso a uma rede local sem fio.

Account

(Conta)

Corresponde a uma conta composta de login e senha que dá acesso a um sistema local ou remoto.

Acc

(ACCumulator)

Registrador interno da CPU utilizado para manter a próxima instrução a ser processada.

Ack-acknowledge

(Confirmação)

Sinal que representa a confirmação de recebimento de uma mensagem enviada pelo receptor, informando que está pronto para receber a próxima mensagem.

Acm

(Association of Computing Machinery)

Associação para tratamento da Ciência

da Computação. Associação americana fundada em 1947, que tem como objetivo promover o avanço das ciências da informação e da computação em geral.

Acrobat

Sistema que contém um módulo leitor e um módulo gravador de arquivos que operam com o formato PDF. Esse sistema é de propriedade da Empresa *Adobe Systems*, que tem como objetivo tornar os dados acessíveis apenas com o software dessa Empresa, ou seja, *Acrobat Reader* e *Acrobat Writer*.

Acronym

(Acrônimo)

Abreviação ou sigla formada a partir de várias letras. Exemplo: Bit (*Binary digiT*).

ActiveX

Tecnologia desenvolvida pela Microsoft para permitir a interação entre componentes de software. Baseia-se no modelo COM (*Component Object Model*). Ver COM.

Acumular

(Accumulate)

Armazenar um grande volume de informações.

Ada

(Homenagem a Condessa Ada Lovelace)

Linguagem de Programação para computadores baseada nas linguagens Cobol e Basic que foi desenvolvida para o Departamento de Defesa dos Estados Unidos (*DoD*) e serviu de suporte posteriormente para a linguagem Ruby. Essa linguagem tem como principal característica o suporte às aplicações em tempo real.

Adabas

Sistema de gerenciamento de Banco de Dados que pode ser utilizado em diversos tipos de computadores, bem como, em ambientes distribuídos, permitindo o acesso a vários usuários.

Adaptador

Dispositivo que permite a conexão de periféricos a um computador ou rede.

Add

(Adicionar, somar)

Adição de valores formando um somatório ou adição de componentes a um frame.

Add-on

Software ou hardware que pode ser adicionado a um sistema com a finadade de melhorar seu desempenho.

ADOBE

Empresa detentora do formato de arquivo PDF. Ver Acrobat, PDF.

ADWARE

Termo originado de advertising (propaganda, publicidade). Na Informática significa programas distribuídos pela Internet gratuitamente, onde acompanha uma pequena barra de propaganda na tela do micro.

AERÓGRAFO

(Airbrush)

Ferramenta disponível em softwares de desenhos que permite criar efeitos de nuvem em imagens.

AFNOR

(Association Française de Normalisation)

Associação Francesa de Padronização.

AGREGAÇÃO

Em programação orientada a objetos, corresponde a uma associação entre o todo e suas respectivas partes, em que as partes estão contidas no todo.

AIX

(Advanced Interactive eXecutive)

Versão do sistema operacional UNIX desenvolvido pela IBM para operar em seus computadores.

AJAX

(Asyncronous Javascript And XML)

Corresponde ao uso de várias tecnologias trabalhando juntas para permitir o uso intensivo de Javascript e *XML* em páginas da web. Esse procedimento permite a construção de aplicações web mais criativas e dinâmicas.

ALDUS PAGE MAKER

Software de editoração eletrônica que permite a composição e elaboração de jornais, revistas, diagramação de documentos, propagandas, etc.

ALGOL

Linguagem de Programação de alto nível desenvolvida na década de 60 que trabalha com estruturas de blocos, que mais tarde tornou-se padrão em linguagens ditas estruturadas.

ALGORITMO

(Algorithm)

Em computação, corresponde a um programa de computador em pseudocódigo que obedece a uma sequência de passos bem definidos, que devem ser seguidos durante sua execução pelo computador.

Pode também ser definido como um procedimento ou fórmula usado para solucionar um problema.

ALIAS

(Apelido, alcunha)

Utilizado para apelidar arquivos que possuem nomes grandes (muito utilizado no sistema Unix/Linux).

ALOCAR

(Allocate)

Alocar, partilhar ou dividir fatias de tempo entre sistemas que competem pela CPU.

ALOCAÇÃO DE RECURSOS

(Allocation of resources)

Alocação de recursos para um determinado software por intermédio do sistema operacional.

ALPHA

Processador *RISC* de 64 bits desenvolvido pela Digital Equipament.

ALPHA VERSION

(Versão Alfa)

Refere-se à versão de teste de um programa de computador, que deve ser minuciosamente testado internamente com o intuito de descobrir possíveis falhas. Essa versão não é distribuída para ser testada pelos clientes, ao contrário da versão beta. Ver Beta Version.

ALT KEY

Tecla especial utilizada conjuntamente com outra tecla com a finalidade de ativar funções especiais.

ALTA VISTA

Site de busca da Internet desenvolvido em 1995. Ver o site www.altavista.com.

ALU

(Arithmetic Logic Unit)

Unidade Aritmética e Lógica. Parte componente da CPU do computador responsável pela execução de cálculos e comparações.

AMD

Empresa americana responsável pela fabricação de uma série de chips para computadores, posicionando-se no mercado mundial como uma das mais fortes concorrentes da Intel. Ver o site www.amd.com.

ANALISTA DE SISTEMAS

(Systems Analyst)

Profissional gabaritado da área de computação responsável pela criação, elaboração e manutenção de sistemas computacionais.

ANALÓGICO

(Analog)

É um tipo de sinal ou circuito que opera com quantidades físicas continuamente variáveis em função do tempo. A voz humana é dita analógica, pelo fato de atuar em várias faixas de frequência, contrapondo a digital que reconhece apenas dois níveis de tensão (1 ou 0) Ver digital.

AND FUNCTION

(Função AND)

Função lógica utilizada em circuitos que possui duas ou mais entradas e uma saída, onde a saída é verdadeira se e somente se todas as entradas forem verdadeiras e a saída é falsa, caso exista pelo menos uma entrada falsa.

ANEXAR

1. (*Attach*) Conectar um usuário a um computador através do *login* e *password*.

2. (*attachment*) Anexar um ou mais arquivos a uma mensagem de E-mail.

ANSI

(American National Standard Institute)

Abreviação que representa a entidade americana responsável pelo estabelecimento e manutenção de normas técnicas.

ANTIVÍRUS

Softwares com o objetivo principal de detectar e se possível eliminar vírus de computador. Existe uma variedade de fabricantes deste tipo de programa que disponibilizam versões gratuitas e/ou pagas.

ANTI-SPAM

Software ou Hardware utilizado para bloquear determinadas mensagens não desejadas.

ANTI-SPYWARE

Software usado para bloquear ou controlar a atividade do *spyware*. Ver *spyware*.

AOL

Acrônimo de América OnLine. Um dos maiores provedores de serviços online do mundo. Fornece diversos tipos de serviços como: revistas, notícias, suporte, conferências, bibliotecas, etc.

APACHE

(Apache HTTP Server)

Servidor de http (*Hyper Text Transfer Protocol*) utilizado junto com o sistema operacional Linux. É um dos servidores web mais utilizados atualmente.

API

(Application Program Interface)

Conjunto de funções padrões de um programa que podem ser utilizadas em desenvolvimento de softwares para reaproveitamento de código e para fazer a interface entre aplicações.

APLICAÇÃO

Software desenvolvido com o objetivo de atender as necessidades do usuário final. Exemplos: Folha de pagamento, Editor de texto, Planilha eletrônica, Jogos, etc.

APLICATIVO

Ver Aplicação.

APPEND

(Acrescentar)

Termo utilizado para acrescentar dados a um registro ou arquivo, geralmente no final do arquivo ou registro.

APPLE

Empresa americana fundada na década de 70, considerada uma das empresas mais inovadoras em informática. Atualmente fabrica os computadores denominados: Machintosh e Next.

APPLET

Aplicativo pequeno utilizado em Sites da Internet. Desenvolvido na linguagem Java que pode ser distribuído como um anexo em um documento na WWW e executado pelos navegadores.

APPLICATION SERVICE PROVIDER (ASP)

São empresas que oferecem acesso a softwares via Internet para outras empresas ou indivíduos e cobram baseadas no uso.

ARCHIVE

Tipo de arquivo que fica armazenado por um longo período de tempo, considerado um arquivo morto contendo dados desatualizados.

ARCNET

É um dos primeiros padrões de rede local desenvolvido pelo Engenheiro John Murphy da Datapoint Corporation. Esse padrão operava com um cabo coaxial RG-62 / U e inicialmente levou vantagem sobre o padrão Ethernet.

ARIAL

Um tipo de fonte de dados sem serifas, que são pequenas linhas horizontais que dão acabamento as letras em outros tipos de fontes. É uma das fontes mais utilizadas na WEB.

ARP

Protocolo da família TCP/IP responsável por ligar um endereço IP a um endereço físico de baixo nível.

ARPANET

É um Padrão de rede de computadores desenvolvido pela Agência de Projetos de Pesquisa Avançada do Departamento de Defesa dos Estados Unidos (DARPA). Esse padrão é considerado a mãe da Internet.

ARQUITETURA ABERTA

(Open Architecture)

São especificações de um projeto de computador ou dispositivo que ficam disponíveis gratuitamente para a comunidade. Desse modo, qualquer empresa além da produtora do projeto pode produzir componente a partir dessas especificações.

ARQUIVO

(File)

É um conjunto de informações armazenadas em qualquer tipo de meio computacional sob a denominação de um único nome. Existem diversos tipos de formatos para o armazenamento dos diversos tipos de informações, como: dados, música, filmes, gráficos, etc.

ARRAY

É uma estrutura ordenada contendo elementos indexados por números crescentes. Podem ser tipo vetores ou matrizes, podendo ter uma única dimensão ou mais de uma dimensão respectivamente. Os arrays, ao serem criados, devem informar o número máximo de elementos que podem possuir, e não podem ultrapassar esse valor, ou seja, possuem uma quantidade fixa de elementos.

ASCII

Código padrão de caracteres que representa caracteres alfanuméricos em código binário. Ver também: *Unicode*, EBCDIC.

ASP

(Active Server Pages)

Páginas criadas dinamicamente pelo servidor web, orientado por um programa em *VBScript* (*Visual Basic*).

ASSEMBLER

Também chamado de montador, é responsável por traduzir instruções básicas do computador em bits para serem processados pela máquina.

ASSEMBLY

É a linguagem de baixo nível de cada microprocessador (CPU - máquina específica), contendo instruções que podem ser utilizadas pelo programador.

ASSÍNCRONO

(Assynchronous)

Termo utilizado que designa o acontecimento de eventos aleatórios que podem acontecer em vários tópicos da computação. Exemplo1: Na transmissão entre dois equipamentos que ocorre sem nenhum sincronismo (sem controle de um relógio), podendo acontecer a qualquer tempo quando os dados estiverem prontos. Exemplo2: Em uma interrupção de teclado ou mouse produzido pelo usuário.

ASSOCIAÇÃO

Em programação orientada a objetos, corresponde à representação de relacionamentos estruturais entre objetos.

ATALHO

(Short Cut)

Ícone posto na área de trabalho utilizado para acessar um arquivo ou executar um aplicativo sem a necessidade de caminhar entre os diretórios para ter acesso a ele.

ATENUAÇÃO

(Attenuation)

É uma das fontes de distorções que ocorrem em conexões entre computadores, em que o sinal perde a potência conforme aumenta a distância percorrida.

ATIVAR

(Activate)

Termo utilizado para ativar um processo ou um dispositivo de tal forma que o esse comece a funcionar.

ATM

1. (Asunchronous Transfer Mode) Padrão de rede de computadores que trabalha com pacotes muito pequenos de dados denominados de células. Consegue-se atingir altas taxas de transmissão com isso é muito utilizado em comunicações onde a transmissão envolve dados, voz, imagem e vídeo sob demanda.

2. (Automated Teller Machine) Terminal eletrônico de banco ou caixa eletrônico utilizado para transações financeiras.

ATRIBUTO

(Attribute)

1. Tipo ou característica de um dado.

Exemplo: Letra Arial, Tamanho 12, Espaço simples, etc.

2. Atributo do arquivo, onde o mesmo pode ser apenas de leitura, ou apenas de escrita, ou ambas.

3. Em programação orientada a objetos corresponde a variáveis e estados de um objeto.

Atributo de Classe

Em programação orientada a objetos significa que os atributos definidos no escopo da classe podem ser usados por todos os métodos e subclasses dessa classe.

AutoCAD

Software desenvolvido pela Empresa Autodesk que tem como característica e objetivo auxiliar o desenvolvimento de projetos auxiliados por computador das áreas de Engenharia Mecânica, Engenharia Civil, Engenharia Eletrônica, etc.

Avatar

Ícone gráfico que representa um símbolo real em um ambiente de realidade virtual.

AVI

(Audivisual Interleaved)

Uma extensão de arquivo que identifica um arquivo de dados AVI (*audiovisual interleaved*). Esse tipo de arquivo é utilizado com diversos tipos de codificação de vídeo e áudio.

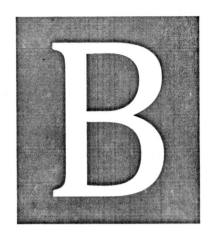

B2B

(Business-to-business)

Corresponde a negociação e troca de informações de compra e venda de produtos entre empresas via Internet, contrapondo a B2C que é a venda de produtos entre a empresa e os consumidores.

Backbone

Canal principal ou tronco de uma rede. O backbone corresponde ao cabeamento responsável por interligar redes locais dispersas, e esse geralmente é mais robusto (fibra ótica como exemplo) e atinge velocidades muito maiores do que as redes locais independentes.

Backend

Aplicações que rodam geralmente no servidor, em contraposição ao *Frontend*, que roda na máquina local. Ver Frontend.

Background

Segundo plano, programa que está rodando na CPU, mas libera a tela para o usuário poder executar outras tarefas. Ver *Foreground*.

Backplane

Também denominado de placa mãe ou *motherboard*, onde podem ser encaixadas outras placas eletrônicas. A mesma possui circuitos eletrônicos e slots (locais onde pode se encaixar outras placas).

Backslash

Barra invertida.

Backspace

Corresponde a tecla capaz de retroceder o cursor em um caracter e ao mesmo tempo apagar o caracter corrente.

Backup

Significa fazer cópia de segurança dos arquivos (geralmente do disco rígido para CD ou DVD ou pendrive ou disquete ou fita magnética, entre outras mídias). O backup é uma tarefa que deve ser bem planejada e executada constantemente pois em caso de um crash do sistema pode haver perda de dados, e caso isso ocorra, o backup pode ser restaurado a partir de um determinado ponto.

Backward

(Inverso)

Retornar ou caminhar em sentido inverso. Exemplo: backward search ou pesquisa realizada a partir do presente ponto ou do fim em direção ao início.

Bancada de Trabalho

(Workbench)

Área de trabalho para desenvolver aplicações práticas, usando diversas ferramentas.

Banco de Dados

(Database)

É um sistema de computador que armazena, manipula e organiza dados de maneira a facilitar o acesso aos mesmos. Existem alguns modelos de banco de dados, a saber: Hierárquico, Relacional, Orientado a Objetos e um misto de Relacional e Orientado a Objetos. Exemplos de alguns sistemas: Oracle, Informix, Ingres, Sybase, Adabas, Mysql, etc.

Band

(Banda, faixa)

Faixa de frequência utilizada entre dois equipamentos.

Banda Base

(Baseband)

Técnica para transmissão de sinais sob a forma de pulsos de corrente contínua. Essa técnica é empregada em redes locais que não podem ultrapassar longas distâncias; para haver a transmissão de dados, o canal deve estar livre, ou acontece uma colisão. Caso ocorra uma colisão, ou seja, dois equipamentos querendo transmitir ao mesmo tempo, ambos devem esperar um tempo aleatório para que possam tentar uma nova transmissão.

BANNER

(Título)

Imagens gráficas que aparecem no navegador e representam uma empresa que faz anuncio de uma propaganda.

BAR

(Barra, barrar)

Gráfico de barras, código de barras, ou leitora de código de barras. Esses são alguns exemplos utilizados com essa nomenclatura. Barrar tem o efeito de bloquear o acesso a um dado ou software.

BAREBONE

Gabinete de microcomputador portátil com dimensões reduzidas que pode ser levado para qualquer lugar.

BARRAMENTO DE ENDEREÇO

(Address Bus)

Meio físico que conduz os dados de endereço de forma paralela da unidade central de processamento (CPU) para os dispositivos externos.

BASIC

Linguagem de programação de poucos recursos (pioneira entre as linguagens de programação).

BATCH FILE

(Arquivo de lote)

Um arquivo que contém comandos do sistema operacional que ao ser ativado, o sistema operacional passa a executar cada um desses comandos sequencialmente.

BAUDRATE

Taxa ou medida do número de mudanças de sinal transmitido por segundo.

BBS

(Bulletin Board System)

Sistema eletrônico de quadro de mensagens. Sistema que possui um banco de dados de informações e mensagens acessíveis via modem e redes de computadores. Sistema muito utilizado antes do advento da WEB.

BCC

(Block Check Character)

1. Controle de bloco de caracteres. Método de detecção de erro em blocos de dados transmitidos.

2. Refere-se à cópia de uma mensagem de e-mail enviada a várias pessoas sem que o endereço dos usuários destinatários apareça no documento.

BDK

(Bean Development Kit)

Ambiente para construir aplicações Java.

BENCHMARK

Processo utilizado para medir o desempenho de um software, hardware ou sistema.

BETA VERSION

Versão de software que corresponde a uma versão de teste que geralmente é distribuída a empresas com o intuito de ajudarem no processo de aperfeiçoamento e desenvolvimento do produto.

BIBLIOTECA DE SOFTWARE

(Software Library)

Corresponde a um conjunto de rotinas gravadas em um arquivo com a finalidade de reaproveitamento de software previamente desenvolvido. Essas rotinas podem ser usadas por outros programas que estão sendo desenvolvidos. Exemplo disso são os arquivos DLL do *Windows*.

BIG BLUE

Empresa americana pioneira na computação. Sua denominação oficial é IBM (*International Business Machines*). Foi à empresa primeira a lançar os PCs que hoje dominam a computação pessoal e escritórios no mundo.

BINÁRIO

(Binnary)

Sistema de numeração que possui apenas dois valores possíveis que são o 0 (zero) e o 1 (um). É o sistema utilizado internamente pelos computadores. Todas as informações introduzidas nos computadores pelos periféricos são convertidas para o sistema binário para que o computador interprete e realize as operações a ele requisitadas.

BIND

(Unir, ligar)

Efetuar a ligação de programas e rotinas em código objeto, em uma forma que possa ser executado.

BIOCHIP

Placa de vidro de silício que tem como objetivo desenvolver a pesquisa genética, mais precisamente o mapeamento do genoma humano.

BIOINFORMATIC

(Bioinformática)

É a ciência que estuda e desenvolve programas de computador que têm como objetivo otimizar e solucionar problemas ligados a biologia. Exemplo disso é o projeto para mapear o genoma humano.

BIOMECHATRONIC

É a ciência que estuda a interdisciplinaridade entre os três ramos das ciências que são: biologia, mecânica e eletrônica. Essa dá ênfase aos órgãos biológicos como o cérebro.

BIOS

(Basic Input/Output System)

Rotinas do sistema que fazem a interface dos programas de alto nível com os periféricos com o objetivo de efetuar as requisições realizadas por esses programas.

B-ISDN

(Broadband Integrated Services Digital Network)

Padrão de comunicações em alta velocidade utilizado por redes de longa distância. O ATM e o SMDS são exemplos de protocolos e serviços da B-ISDN que propiciam uma grande largura de banda às WANs.

BIT

(Binary digiT)

Menor unidade de medida utilizada pelo computador. Um bit pode possuir apenas dois valores (0 ou 1, Falso ou Verdadeiro, Desligado ou Ligado).

BITMAP

(Mapa de bits)

Imagem formada por grades de pixels, onde os dados são gravados em arquivos que podem ter um dos formatos: PNG (*Portable Network Graphics*), TIF (*Tagged Image Format*), JPEG (*Joint Photographic Experts Group*), BMP (bitmap), GIF (*Graphics Interchange Format*), entre outros.

BITNET

Rede de computadores que interliga a universidade e seus departamentos que geralmente efetua a transferência de arquivos, incluindo correio eletrônico e programas remotos.

BLACKBERRY

Equipamento portátil que permite enviar e receber e-mails em tempo real.

BLACK BOX

Uma das maiores empresas de serviços de redes do mundo, oferecendo produtos e soluções para as diversas instituições. Ver o site: www.blackbox.com.br.

Blob

(Binary Large Object)

Campo existente no registro de um banco de dados que pode conter uma grande quantidade de dados binários, geralmente uma imagem em bitmap.

Bloco

(Block)

1. Série de bits agrupados.

2. Bloquear alguma coisa, ou impedir o acesso a um dado.

Blog

Espécie de diário publicado na Internet, abreviação de *weblog*.

Bluetooth

Especificação de uma tecnologia desenvolvida para permitir a conexão entre equipamentos sem a utilização de fios (*wireless*) que atinge uma distância de até 10 metros. Exemplos: mouse sem fio, teclado sem fio, redes locais, etc.

Bmp

Uma das extensões de um arquivo do tipo bitmap, onde o mesmo armazena uma imagem.

Board

(Placa)

Placa de circuito impresso, onde são montados os circuitos e suas ligações.

Bof

(Beggining of File)

Caracter ou símbolo que determina o início de um arquivo ou de uma seção de dados.

Bookmark

(*Favoritos*)

Opção da barra de menus de navegadores (*browsers*) que tem como objetivo gravar sites que são mais utilizados no dia a dia de um usuário. Exemplo: sites selecionados para uso imediato.

Boolean

(Booleano)

Lógica simbólica desenvolvida por George Boole com a finalidade de definir, simplificar e manipular funções lógicas baseadas em afirmações que podem ser verdadeiras ou falsas. Exemplo de funções: AND, OR, NOT, XOR, etc.

Boot

Processo de inicialização do computador. Tarefas do boot: checar a memória, periféricos, carregar o S.O. para memória e executá-lo.

BPML

(Business Process Modeling Language – Modelagem de processos comerciais)

É uma metalinguagem baseada em XML que tem como objetivo modelar processos comerciais (dados empresariais, papéis de segurança, eventos pré-programados, entre outros.

BORLAND

Empresa americana responsável pelo desenvolvimento de diversos produtos, tais como: JBuilder, Builder, Delphi, etc. Ver o site www.borland.com.

BPM

(Business Process Management)

Termo utilizado para designar o processo de melhorar a eficiência da gestão de processos de negócios. Isso se faz através da modelagem, integração, automatização de tal modo que seja um processo contínuo.

BROADBAND

(Banda Larga)

Ver *Wideband*.

BROWSER

(*Navegador*)

Software que permite o acesso a sites da web. Exemplo: Internet Explorer, Mozila Firefox, Netscape, Opera, etc.

BROUTER

É a combinação de uma ponte (bridge) com um roteador (router) em um único produto, que tem como objetivo fazer a interligação entre redes locais (ponte) e o roteamento de mensagens para outras redes (router), geralmente a longa distância.

BUFFER

Memória temporária onde ficam armazenados os dados de I/O

BUG

(Defeito, falha)

Erro de um programa.

BUS

Ver Barramento de Endereço.

BUSINESS INTELLIGENCE

(Inteligência de negócios)

Corresponde a um conjunto de tecnologias de hardware e software que tem como finalidade ajudar diretores e gerentes de empresas na tomada de decisão, como: decisões sobre produtos, concorrência do mercado, análises de missões críticas, entre outros.

☞ *BYTE*

Unidade de medida utilizada pela computação que corresponde a um conjunto de oito bits. O código ASCII utiliza um *byte* para representar caracteres. Esses estão limitados a partir do código (00000000 até 11111111) que significa de 0 até 255 (decimal).

☞ *C*

É a Linguagem de programação procedural e estruturada das mais utilizadas em ambiente Unix para o desenvolvimento de sistemas dos mais diversos tipos e atualmente é mais utilizada para a implementação de sistemas operacionais e diversos softwares básicos.

☞ *C#*

É a linguagem de programação orientada a objetos desenvolvida pela Microsoft com a finalidade de desenvolvimento de sistemas para ambiente Windows.

☞ *C++*

É a linguagem de programação orientada a objetos derivada da linguagem "C" que tem como objetivo desenvolver sistemas nos diversos ambientes computacionais, utilizando os conceitos de orientação a objetos.

☞ *CAD / CAM*

(Computer-Aided Design / Computer-Aided Manufacturing)

Softwares utilizados para auxiliar o desenvolvimento de projetos de fábricas por engenheiros, arquitetos, desenhistas, entre outros.

☞ *CALLBACK*

Serviço existente que habilita o usuário a realizar ligações internacionais utilizando-se da menor tarifa existente, independente do local de origem da chamada.

Camada

(Layer)

Em rede de computadores significam as camadas que uma mensagem tem de passar até chegar ao seu destino. Segundo o padrão ISO/OSI as camadas são as seguintes: física, enlace de dados, rede, transporte, sessão, apresentação e aplicação.

Caneta Eletrônica

(Electronic Pen)

Dispositivo de entrada utilizado para apontar ícones ou itens de menu na tela do monitor.

Captive Centers

São pequenas fábricas de softwares fundas por empresas subsidiárias de multinacionais que têm como objetivo desenvolver softwares e disponibilizar esses programas em sua matriz.

Caracteres Alphanuméricos, Numéricos e Especiais

Corresponde aos caracteres que são utilizados para a comunicação dos usuários com os computadores. Exemplos: Alpha – Letras e números, Numéricos – Números, Especiais – Enter, shift, etc.

Case

(Computer-Aided Software Engineering)

Plataforma de software que tem como objetivo auxiliar o desenvolvimento de grandes projetos de software, ou seja, é a feramenta que ajuda a engenheiros, projetistas, codificadores, testadores, entre outros, a terem uma visão única e ampla de todo o projeto do sistema.

Cavalo de Tróia

(Trojan Horse)

É o famoso cavalo de tróia, digo, um programa malicioso que fica dentro de arquivos e/ou documentos aparentemente inofensivos que podem controlar e/ou danificar o computador.

CD

(Compact Disk)

Ver CD-ROM.

CDB

(Component-Based Development)

Permite novas pesquisas para a construção, design, implementação e evolução de aplicações de software. Aplicações de software são formadas de uma variedade de componentes de software armazenados em arquivos fontes. Os componentes podem ser escritos em diferentes linguagens de programação e rodar em diferentes plataformas. Tais componentes formam uma aplicação quando juntos. Isso é muito útil para o reaproveitamento de rotinas feitas para determinadas aplicações serem utilizadas com mudanças ou sem nenhuma alteração para outras aplicações semelhantes.

CDMA

(Code Division Multiple Access)

Tecnologia de comunicação de dados que usa um método de acesso estático em canais de comunicação utilizado em sistemas de celulares. Principais versões: CDMA One que corresponde à segunda geração (2G) de celulares, cdma2000 corresponde à versão mais utilizada e a W-cdma que corresponde à terceira geração (3G) de celulares.

CD-ROM

Disco compacto desenvolvido na década de 80 que tem como objetivo armazenar informações de diversos tipos como: dados, áudio, vídeo, etc. Existem basicamente dois modelos, a saber: CD-R (disco que permite a gravação uma única vez e tem capacidade em torno de 700Mb) e CD-RW (disco que permite gravar e apagar informações diversas vezes e tem também capacidade em torno de 700Mb).

CELERON

(Pentium)

Versão mais simples do modelo Pentium (microprocessador - chip produzido pela Intel). Este é baseado na arquitetura denominada P6 que foi baseada na arquitetura do Pentium II.

CEO

(Chief Executive Officer)

Sigla que indica o principal executivo de uma empresa. e em muitos casos é próprio presidente da empresa.

CERN

(European Organization for Nuclear Research)

Sigla que corresponde ao laboratório de física de partículas de alta energia que funciona em Genebra na Suíça.

CFO

(Chief Financial Officer)

Sigla que indica o principal executivo de finanças da empresa e que muitas vezes é o tesoureiro dessa empresa.

CHAIN

(Cadeia)

Série de arquivos ou itens de dados ligados sequencialmente.

☞ **CHAVEAR**

(Toggle)

Alternar entre dois estados.

☞ **CHMOD**

(Change model)

Comando dos sistemas Unix e seus derivados, que tem como objetivo mudar as permições de um arquivo, ou seja: leitura, gravação e execução de um arquivo para o proprietário, grupo ou qualquer usuário (rwx – read, write, execute).

☞ **CI**

(Circuito Integrado)

Dispositivo microeletrônico que contém dezenas/centenas de transistores e outros componentes interligados que tem a capacidade de realizar várias funções.

☞ **CIBERESPAÇO**

(Espaço Cibernético)

Conjunto de pessoas, sites e computadores que compõem a Internet.

☞ **CIO**

(Chief Information Officer)

Sigla que indica o principal executivo de informação da empresa e é responsável pelos sistemas internos de informações da empresa. E muitas vezes esse executivo é também encarregado da infraestrutura de e-business.

☞ **CISC**

(Complex Instruction Set Computer)

Sigla que indica que computadores são projetados com um conjunto completo de instruções com o objetivo de realizar o máximo de operações com uma única instrução no nível de microprocessador.

☞ **CISCO**

Uma das maiores empresas do mundo que atua na área de equipamentos de redes de computadores. Ver o site www.cisco.com.

☞ **CLASSES**

1. Classes podem representar as entidades existentes no mundo real, por exemplo: classe dos animais, classe das plantas, subclasse das plantas carnívoras, etc.

2. Em computação: Classes são componentes de software que representam modelos de objetos existentes na vida real. Os elementos de uma classe podem ser: Variáveis (são atributos dos objetos), Métodos (são instruções que realizam tarefas, também conhecidos

como funções e/ou procedimentos) e possíveis subclasses.

☞ CLASSES ABSTRATAS

Conceito da programação orientada a objetos que corresponde a uma classe que pode possuir métodos abstratos ou métodos concretos. Os métodos abstratos devem ser implementados pela classe que estendê-la, através do mecanismo denominado de herança. Quanto aos métodos concretos, podem ser acessados normalmente. Essas classes não podem ser instanciadas, ou seja, não podem virar objetos e, quando referenciadas, os nomes delas devem constar em sua referência. Ver Classes Concretas.

☞ CLASSES CONCRETAS

Conceito de programação orientada a objetos que corresponde a classes que possuem as definições e respectivas implementações de seus métodos e definições de seus atributos e as que podem ser instanciadas. Ver Classes Abstratas.

☞ CLIENTE/SERVIDOR

(Client / Server)

É um tipo de aplicação que permite a um cliente partindo de sua máquina executar uma aplicação que se encontra em local remoto da rede de computadores. A máquina remota é chamada de servidor, e pode atender a apenas um cliente ou a vários clientes de uma única vez. Dependendo do tipo de rede, uma determinada máquina pode ser ao mesmo tempo cliente e/ou servidor.

☞ CLONE

Corresponde a uma cópia idêntica de qualquer objeto. Em computação significa efetuar uma cópia de um computador e vendê-lo por um custo muito reduzido comparado ao original.

☞ CLOSE

Em linguagem de programação, corresponde a uma instrução utilizada para o fechamento de um arquivo.

☞ CLUSTER

Conjunto de computadores conectados via uma rede de comunicação que tem como objetivo distribuir os processos entre os computadores de forma uníssona, como se fosse um único computador de grande porte. Esses computadores geralmente possuem um mesmo sistema operacional, classificado como sistema distribuído.

☞ COAXIAL CABLE

(Cabo coaxial)

É um tipo de cabo utilizado inicialmente por empresas de TV a cabo (TV paga) com o objetivo de aumentar a nitidez de imagens doss televisores. Posteriormente utilizados para formar redes de computadores de curtas distâncias.

Cobol

(Commun Business Oriented Language – Linguagem comum orientada para negócios)

É uma linguagem de programação que foi a primeira linguagem de alto nível utilizada pela maioria dos programadores em época passada. Atualmente existem algumas empresas que têm aprimorado essa linguagem com alguns recursos para interconexão com Banco de Dados e a Internet.

Codec

Equipamento ou programa utilizado para codificar/decodificar sinais de áudio/vídeo de analógico para digital e vice-versa.

Codificar

(Encode)

Corresponde a conversão de dados de uma forma normal para uma forma mais compacta.

Código

1. Representa uma informação que pode ser embutida e aparentar uma informação que representa outra coisa.

2. Em computação, é um sistema de símbolos usado para converter informações de um formato para outro.

Código Baudot

(Baudot Code)

Código de transmissão de caracteres de cinco bits, geralmente usado em teletipos.

Código de Máquina

Corresponde a comandos de software escritos em uma linguagem de programação que depois de compilado passa a ter as informações codificadas na linguagem do computador para o qual foi projetada. Ver assembly.

Código Fonte

Corresponde a instruções escritas em uma linguagem de programação de alto nível com a finalidade de realizar uma determinada tarefa, que passa a ser entendido pelo computador depois de ser compilado e gerar o código objeto ou executável.

ColdFusion ou CFML

(ColdFusion Markup Language)

Linguagem de programação utilizada principalmente para o desenvolvimento de Websites que tem como proprietário a Adobe Systems. Esta linguagem (CFML) é baseada em tags e possui semelhança as linguagens HTML e é fácil de aprender comparado a outras linguagens como PHP e ASP.

COM+

(Component Object Model +)

Arquitetura da Microsoft utilizada para fazer uma representação de dados que permite que diferentes tipos de objetos sejam armazenados em um único documento. Essa arquitetura é derivada de COM e possui um conjunto de serviços de sistema operacional que objetiva oferecer um modelo fácil para a criação de aplicações de negócios.

Commit

É um comando utilizado em Banco de Dados que tem como objetivo efetivar a transação que está sendo executada, ou seja, as modificações efetuadas pela transação se tornam visíveis para os outros, e existe a garantia de permanência se uma falha ocorrer.

Combo box

É um componente de uma GUI que fornece uma lista drop-down de itens em que o usuário pode selecionar um dos itens clicando no item desejado. É também denominada de "caixa de combinação".

Comdex

Uma das maiores feiras de Informática do mundo (realizada nos EUA).

Compaq

Empresa americana fabricante de computadores que se associou à HP. Site: www.compaq.com

Compiler

(Compilador)

É um programa de computador que tem como finalidade analisar um arquivo em linguagem fonte, fazer uma varredura desse arquivo buscando erros de sintaxe e erros de semântica e, se tudo estiver correto, gerar um arquivo com o código executável do arquivo, para que seja possível executar esse novo sistema de computador gerado.

☞ COMPONENTE

(Component)

1. Peça de máquina que vai ser colocada em um produto final

2. Parte de software ou rotina que é desenvolvido individualmente e que posteriormente deverá ser integrado a outras partes (componentes) de software para formar uma aplicação.

☞ COMPOSIÇÃO

(Composition)

Conceito da programação orientada a objetos que corresponde a uma agregação em que um objeto é composto de outros objetos. Corresponde a uma relação do todo com suas partes.

☞ COMPACTAÇÃO

(Compacting)

Significa a compressão de dados. Processo utilizado para facilitar e aperfeiçoar a transmissão de informação de maneira mais rápida, bem como a diminuição de espaço em disco.

☞ COMPUTADOR DE MESA

(Desktop Computer)

Equipamento de hardware denominado de PC (*personal computer*) composto dos componentes indispensáveis de um computador que pode ser colocado em uma mesa, que são: gabinete, monitor de vídeo, teclado, mouse, etc. Ver computer.

☞ COMPUTER

(Computador)

É um dispositivo (hardware) formado por componentes eletrônicos (que possui placas de circuitos impressos, uma fonte de alimentação, drives tais como: disquete, disco rígido, entre outros. O computador é a máquina mais utilizada nos últimos tempos, está presente nas diversas áreas do conhecimento e tem permitido o avanço científico e tecnológico dessas áreas. Ver computador de mesa.

☞ CONECTIVA

Uma das grandes empresas brasileiras que pesquisa, desenvolve e distribui o Sistema Operacional Mandriva Linux. Ver o site www.conectiva.com.br.

☞ CONNECTION

(Conexão)

Em comunicação, é um termo utilizado para designar que foi estabelecido um vínculo entre dois pontos e que a partir desse momento pode haver a transferência de informações entre os dois pontos (equipamentos de hardware ou unidades de software).

CONECTOR BNC

(BNC Connector)

Conector que é utilizado para unir cabos do tipo coaxial (conector metálico). Esse tipo de cabeamento de rede local está atualmente em desuso, tendo sido substituído pelo cabeamento de par trançado, com a utilização de hubs e switchs.

CONSTRAINED PROPERTIES

(Propriedades restritas)

São propriedades utilizadas na linguagem Java que podem ter sua mudança vetada pelo próprio bean (são componentes de software projetados para serem unidades reutilizáveis) ou por objetos externos.

CONCATENAR

(Concatenate)

Juntar, unir textos para que os mesmos se tornem apenas um.

CONSOLE

Conjunto de teclado e vídeo que controla o computador (geralmente utilizado em mainframes).

CONTROLE

(Control)

Componente ou dispositivo de um computador que executa instruções e processa sinais. Termos assemelhados: menu de controle, modo de controle, painel de controle, caracter de controle, unidade de controle, controle total, barramento de controle, mudança de controle, etc.

CONVERSOR

(Converter)

Dispositivo que converte sinais elétricos em dados e vice-versa.

COOKIE

Mensagem enviada pelo servidor para o usuário e do usuário para o servidor com o objetivo de traçar o perfil do usuário quanto a sites visitados, etc. Esse perfil pode ser distribuído para outras empresas.

COP

(Component Oriented Programming)

É um conceito novo e significa o processo de montar uma aplicação baseada em diversos componentes previamente desenvolvidos. Seria montar uma aplicação sem basicamente implementar nada, apenas juntar os componentes. Usam-se apenas interfaces. Um componente nunca está totalmente pronto, sempre pode ser estendido com outras facilidades. Os componentes podem ter sido desenvolvidos por terceiros, e no projeto da nova aplicação tenta-se unir esses componentes formando um sistema único.

CORBA

(Common Object Request Broker)

Arquitetura aberta desenvolvida com a finalidade de realizar o intercâmbio entre aplicações implementadas em plataformas diferentes e linguagens diferentes. Essa arquitetura foi desenvolvida por um consórcio de empresas denominado de OMG (*Object Management Group*).

Core Dump

Corresponde à cópia da memória RAM de um computador para uma memória secundária como o disco rígido. Geralmente isso acontece mediante um problema no sistema com o objetivo de tentar recuperar o sistema posteriormente.

Courseware

Corresponde ao material didático utilizado geralmente em cursos da área de tecnologia da informação. Esse termo é a combinação de curso e software.

CPU

(Central Processing Unit)

Unidade central de processamento. Corresponde a um circuito impresso (microprocessador) ou conjunto de circuitos que realizam o controle e executa instruções de programas desenvolvidos em diferentes linguagens de programação com a finalidade de realizar diversas tarefas. Atualmente existem algumas CPUs que são: Pentium 4, AMD Athlon 64, power PC, etc.

Cracker

Corresponde a um indivíduo ou pessoas que conseguem penetrar em um sistema de segurança e geralmente danificam softwares e/ou hardware.

Crawler

Corresponde a um programa de computador que tem como objetivo rastrear todo um determinado site e seus respectivos links, visando efetuar e criar todas as entradas de um índice de mecanismo de busca.

Create

Em um banco de dados relacional, significa um comando utilizado para criar uma tabela de um determinado banco de dados.

Criptografia

(Criptography)

É a cifragem da informação, ou seja,

embaralhamento de dados para esconder os dados originais dos *Hackers* e/ou *Crackers*.

CROSSOVER CABLE

É um cabo com a pinagem cruzada que tem como finalidade a interligação entre dois computadores sem a necessidade de um hub. Esses dois computadores podem trocar informação normalmente, como se estivessem em uma rede local.

CTO

(Chief Technology Officer)

Sigla que indica o principal executivo de tecnologia da empresa. Esse muitas vezes é o segundo ou terceiro executivo mais importante em qualquer empresa de tecnologia.

CuSeeMe

Corresponde a um software de videoconferência de baixo custo que tem como objetivo interconectar usuários do Windows e/ou Macintosh de forma remota utilizando-se da Internet. Os recursos necessários são: conexão com a Internet; placa de som; e câmera de vídeo.

CUSTOMIZAÇÃO

Termo que significa personalizado ou padronizado. Equipamento ou dispositivo desenvolvido sob encomenda.

CYBERCAFE

É um ambiente que fornece café e bebidas que dispõe de computadores que podem ser utilizados pelos seus usuários de forma gratuita ou mediante pagamento, conforme seu tempo de uso.

☞ *DADOS*

(Data)

Coleção de informações que podem ser processadas, manipuladas e/ou armazenadas pelo computador. Os programas de computador manipulam com dados de diversos tipos e formatos como: áudio, vídeo e demais informações.

☞ *DAEMON*

Programa que executa em segundo plano sem a intervenção do usuário. Alguns daemons são ativados automaticamente por determinados eventos; outros operam a intervalos pré-determinados.

☞ *DAMAGE*

(Avaria, dano, prejuízo)

Equipamento avariado ou danificado por alguma razão (dano físico ou lógico)

☞ *DAML*

(DARPA Agent Markup Language)

É uma linguagem de marcação baseada em XML que possui características avançadas como inteligência e opera com agentes (tipo: monitoramento, segurança, informação, entre outros). Essa linguagem foi desenvolvida para o Departamento de Defesa dos Estados Unidos.

☞ *DAO*

(Data Access Objects)

É uma API (Aplication Programming Interface) disponível para aplicações que usam banco de dados em ambiente Windows da Microsoft, mais precisamente o Access que faz parte do Office, além de outros bancos de dados que usam a linguagem de consulta SQL.

DAT

(Digital Audio Tape – Fita de Áudio Digital)

Corresponde a um dos formatos de gravação e recuperação de dados de um tipo de fita magnética

Data Center

(Centro de processamento de dados – conhecido também como CPD)

Local físico constituído de vários computadores responsáveis por centralizar o processamento de dados de uma determinada empresa ou de uma série de empresas. Esse local deve ser protegido contra fogo e muito bem controlado quanto ao acesso de pessoas não autorizadas.

Datagrama

(Datagram)

Pacote de dados utilizado em um meio de comunicação, mais precisamente utilizado pela camada de transporte sem garantir a integridade do mesmo após chegar ao destino. O protocolo da família TCP/IP que utiliza datagrama é o UDP.

Data Mining

(Mineração de dados)

É um tipo de análise de dados geralmente feita em um banco de dados, com a finalidade de relacionar diversos tipos de dados. O objetivo é cruzar os dados e descobrir, por exemplo, novas visões mercadológicas a respeito de determinados produtos. Deste modo, transforma dados em informações indispensáveis para o gerenciamento de empresas, de produtos e de mercados.

Datashow

Equipamento de projeção de imagens, slides e filmes utilizados em salas de apresentação. Este equipamento ocupa o lugar do monitor de vídeo de um computador na hora da apresentação.

Data Warehouse

(Repositório de dados)

É um local físico, geralmente em um mainframe, utilizado para armazenar dados processados e selecionados de determinados procedimentos com a finalidade de facilitar o acesso a esses dados por empresas e usuários.

DB2

Sistema de gerenciamento de banco de dados desenvolvido pela IBM muito utilizado para o desenvolvimento de sistemas de médio e grande porte. Esse sistema concorre diretamente com o sistema Oracle da empresa do mesmo nome e o SQL Server da Microsoft.

DBA

(Database Administrator – Administrador de Banco de Dados)

Indivíduo responsável pela administração de um banco de dados em uma empresa. Esse deve manter a integridade dos dados e o funcionamento ininterrupto do mesmo, além de alterações e atualizações nos dados baseado na necessidade dos mesmos.

DBASE

Sistema de banco de dados muito popular entre os sistemas de menor porte. Esse sistema é de propriedade da empresa americana Borland Inc.

DCE

(Data Communication Equipment)

Equipamento de comunicação de dados responsável por efetuar o gerenciamento dos dados transmitidos de um ou vários computadores em uma rede local ou geograficamente distribuída. Exemplos de DCE's são roteadores, pontes, modems, etc. Ver DTE.

DD

(Double Density – Dupla densidade)

Termo geralmente utilizado em disquetes que possuem capacidade de armazenamento de dados duas vezes maior que a dos disquetes que possuem uma densidade simples.

DDL

(Data Description Language – Linguagem de Descrição de Dados)

Corresponde a um esquema de dados especificados por um conjunto de definições estabelecidas por essa linguagem. Um dicionário de dados é um arquivo de metadados que resulta da compilação dos parâmetros DDL's estabelecidos em um sistema de banco de dados.

DDP

(Distributed Data Processing – Processamento de Dados Distribuídos)

Corresponde ao processamento dos dados de maneira distribuída em um meio de comunicação. Partes dos dados podem estar em diferentes equipamentos sendo processados pelos mesmos. Ver Processamento Paralelo.

DEADLINE

(Data limite)

DEADLOCK

(Impasse, conflito)

Corresponde a uma situação em que dois programas de computador tentam obter a posse de dois recursos ao mesmo tempo (exemplo: impressora e CD-ROM). Acontece que cada um desses programas está de posse de um dos dois recursos que precisam obter. Diante disto, jamais os dois programas conseguirão adquirir o outro recurso que o outro programa está de posse. Isso é um exemplo clássico de deadlock na literatura.

DEBIAN

Debian GNU/Linux é uma distribuição livre do sistema operacional GNU/Linux. Ver o site: www.debian.org.

DECK

(Conjunto)

Este termo é mais conhecido como uma pilha de cartões perfurados utilizados nos primórdios da computação.

DECISION SUPPORT SYSTEM

(Sistema de suporte a decisão)

Ver DSS.

DECODE

(Decifrar, decodificar).

Processo responsável por transformar os dados codificados para a sua forma de origem. Geralmente utilizado em transmissão de dados para evitar a descoberta do significado das informações.

DECODIFICADOR

(Decoder)

Equipamento ou software responsável por fazer a decodificação dos dados. Ver decode.

DECOMPOSIÇÃO

(Decomposition)

Processo utilizado com a finalidade de decompor ou separar elementos de um problema original em subproblemas ou módulos mais simples, de forma a facilitar sua resolução.

DEEP WEB

(Web profunda)

Este termo corresponde ao conteúdo existente na internet que não pode ser indexado ou acessível pelos motores de busca das grandes empresas como

Google, Yahoo e outras. Geralmente os documentos inacessíveis estão em formato HTML e comenta-se que a Google já está experimentando novos motores de busca para conseguir capturar mais documentos.

☞ **DEFAULT**

Valor padrão utilizado pela ausência de outras opções possíveis. Caso nenhuma das opções possíveis for selecionada, seleciona-se o valor padrão.

☞ **DEFENSIVE COMPUTING**

(Computação defensiva)

Processo de computação ou de prevenção do usuário usado com o sentido de se precaver de possíveis defeitos e/ou invasões. Exemplos: Firewall, antivirus, antispyware, etc.

☞ **DEFRAG**

Programa do sistema operacional MS-DOS fornecido junto com esse com o objetivo de desfragmentar os dados do disco.

☞ **DEGRADAÇÃO**

(Degradation)

Processo de perda da capacidade de um software de concluir uma tarefa devido a uma falha.

☞ **DEL**

Comando do sistema operacional MS-DOS utilizado para a eliminação de um arquivo.

☞ **DELAY**

(Demora, retardo)

Atraso provocado por uma rotina de um programa com a finalidade de esperar por algum outro procedimento.

☞ **DELETE**

(Deletar, remover, apagar)

1. Remoção de caracteres, arquivos ou de qualquer tipo de informação dentro de um dispositivo ou periférico.

2. Em um banco de dados relacional que utiliza a linguagem SQL, significa a eliminação de dados em uma ou mais tabelas do banco de dados em uso.

☞ **DELL**

Empresa americana produtora e distribuidora de diversos tipos de produtos de informática tais como: computadores, projetores, etc. Ver o site www.dell.com.

☞ **DEMANDA**

(Demand)

Procedimento realizado à medida que

há a necessidade de mais recursos. Em redes de computadores diz-se que é um processo que deve ser realizado quase que em tempo real, ou seja, video sob demanda significa que não deve haver espera à medida que o video é reproduzido.

DEMODULAÇÃO

(Demodulation)

Processo inverso à modulação que significa recuperar o sinal de uma onda portadora.

DEMONSTRAÇÃO

(Demonstration)

Procedimento realizado com a finalidade de apresentar como será o funcionamento de um determinado sistema.

DENSIDADE

(Density)

Quantidade de informação que pode ser armazenada num espaço em um determinado dispositivo.

DEPRECATED

(Não recomendável)

Este termo refere-se geralmente a instruções de uma linguagem de programação que estão em desuso; normalmente existem outros termos mais recentes que devem ser usados em substituição aos antigos.

DEPURADOR

(Debug)

Acompanhamento passo a passo de um programa de computador, fazendo a análise dos dados depois da execução de cada instrução na tentativa de descobrir possíveis erros. Pode ser feito também colocando pontos de paradas estratégicos em determinadas instruções para a análise dos dados.

DES

(Data Encryption Standard – Padrão Criptográfico de Dados)

Padrão criptográfico de dados que usa uma chave de 56 bits e parte o texto em blocos de 64 bits antes de realizar a criptografia.

DESALOCAR

(Deallocate)

Corresponde a liberação de um recurso que pode ser tanto de hardware ou de software para um processo que aguarda tal recurso.

DESCOMPACTAÇÃO

(Decompression)

Processo inverso ao de compressão ou compactação que corresponde a descompactar um arquivo com a finalidade de torná-lo acessível para um sistema ou para os usuários.

DESCOMPILAÇÃO

(Decompilation)

Processo inverso à compilação que corresponde a transformar um arquivo executável em um arquivo na linguagem fonte original.

DESCONECTAR

(Disconnect)

Processo que interrompe uma conexão seja ela por desconexão física (retirada do conector do equipamento) ou quebra da conexão via software.

DESEMBARALHAR

(De-scramble)

Processo inverso ao embaralhamento que significa remontar uma mensagem a partir da mensagem que se encontra embaralhada.

DESFRAGMENTAÇÃO

(Defragmentation)

Processo utilizado com o objetivo de juntar os dados de um arquivo em setores contíguos do disco, tornando o acesso aos arquivos armazenados mais rápido.

DESIGN

(Projeto)

São etapas de planejamento detalhado para a elaboração e fabricação de um produto de hardware ou software. Deve ser feito um levantamento de requisitos e viabilidade a respeito do produto.

DESIGN PATTERN

(Padrão de desenvolvimento)

Constitui um conjunto de regras de como realizar certas tarefas em um desenvolvimento de software real, enfocando o reuso de determinadas classes previamente desenvolvidas. O design pattern enfatiza a arquitetura de como desenvolver um software, enquanto que o framework enfatiza o detalhado design e sua implementação.

DESKTOP COMPUTER

(Computador de mesa)

Ver Computador de Mesa.

DETECTAR

(Detect)

Corresponde a detecção de sinais e

possíveis erros em uma transmissão de dados realizada por um determinado equipamento.

☞ **DEVELOP**

(Desenvolver)

Processo de desenvolvimento de um novo produto de software ou hardware.

☞ **DEVELOPMENT SOFTWARE**

(Desenvolvimento de Software)

Planejamento de desenvolvimento de um novo software. Utiliza-se de recursos e ambientes de desenvolvimento de software para a elaboração e implementação do mesmo.

☞ **DEVICE**

Dispositivo ou periférico do computador. Exemplos: Teclado, Mouse, Drive de disquete, Drive de disco rígido, Drive de CD/DVD, etc.

☞ **DFD**

(Data Flow Diagram – Diagrama de Fluxo de Dados)

É uma ferramenta de modelagem utilizada para a visualização do fluxo dos dados de um determinado sistema computacional. A modelagem permite ver o sistema como uma rede de processos funcionais e interligados por meio de dutos.

☞ **DIAGRAMA**

(Diagram)

Desenho que mostra alguma coisa, como um plano ou mapa. Ver diagrama de fluxo.

☞ **DIAGRAMA DE CLASSES**

Em programação orientada a objetos corresponde a um diagrama (esquema) padrão que indica as várias possibilidades das instâncias das classes.

☞ **DIAGRAMA DE FLUXO**

Diagrama de blocos que mostra a organização dos processos de um trabalho.

☞ **DIAGRAMA DE INSTÂNCIAS**

Em programação orientada a objetos, corresponde ao relacionamento entre um conjunto de objetos. Tem como finalidade mostrar casos de testes.

☞ **DIFUSÃO**

(Diffusion)

Processo responsável por emitir sinais ou dados para uma série de estações ao mesmo tempo sem checar um endereço particular, mas sim todas as estações conectadas irão receber a mensagem. A estação recebe a mensagem e após analisar descarta a mensagem se no endereço dela não constar a estação ou, caso contrário, aceita a mensagem.

☞ **DIGITAL**

Tipo de sinal que pode ser representado através dos dígitos (0 e 1). Por exemplo: o relógio digital possui algarismos ao invés de ponteiros do relógio tradicional.

☞ **DIGITAL TELEVISION**

(TV Digital)

É a transmissão do sinal de televisão de forma digital em vez do tradicional sinal analógico. Algumas das vantagens são: compatibilidade com os computadores; interatividade; melhor qualidade de vídeo e áudio, e outras.

☞ **DÍGITO**

(Digit)

Corresponde a uma unidade de um sistema de numeração determinado. Por exemplo: no sistema binário existem apenas o dígito 0 e o dígito 1, enquanto no sistema decimal existem dez dígitos diferentes que são: 0, 1, 2, 3, 4, 5, 6, 7, 8 e 9. Já no sistema octal existem oito valores diferentes que são: 0, 1, 2, 3, 4, 5, 6, 7. O sistema hexadecimal, possui dezesseis valores diferentes, que vão de 0

a 9 e na sequência os valores de A a F.

☞ **DIMENSÃO**

(Dimension)

São medidas que identificam um equipamento ou uma área na tela do computador.

☞ **DIODO**

(Diode)

Dispositivo utilizado em equipamentos com a finalidade de sinalizar determinada atividade. Esse dispositivo é utilizado para indicar uso do HD, uso da placa de rede, uso do modem, etc. Ver Led.

☞ **DIRETÓRIO**

(Directory)

Um tipo de pasta em um sistema de arquivos utilizado para organizar os arquivos de um sistema de computador. Por exemplo: o sistema de arquivos do Windows e do Linux utiliza uma forma hierárquica a partir de uma raiz única para organizar os arquivos do sistema e dos usuários.

☞ **DISABLE**

(Desabilitar, Desativar)

Corresponde ao inverso do termo "enable" que torna uma opção de hardware ou software indisponível. Fazendo com que a tarefa dessa opção seja bloqueada. Ver enable.

Disassemble

(Decodificar, Desmontar)

Processo inverso a assembler que converte um arquivo executável em um arquivo que contém os dados em linguagem de montagem (linguagem de máquina).

Disjunção

(Disjunction)

Termo em lógica que tem o significado de uma operação (OR - OU), onde o resultado de uma expressão será verdadeiro se pelo menos uma das opções for verdadeira. Exemplo: Carlos possui um livro ou possui um carro ou possui um computador. Notar que se Carlos tiver pelo menos uma das opções o resultado será verdadeiro independente de Carlos possui os demais bens; basta que possua pelo menos um dos bens.

Disk

(Disco)

Meio de armazenamento de dados em forma de um disco composto de trilhas e setores, onde são armazenados os dados. Os discos existentes podem ser: hard disk (disco rígido), CD (compact disk), dvd (Digital Versatile Disc), entre outros.

Diskless

(Sem Disco)

Computador que trabalha sem disco rígido. Executa o processo de inicialização (boot) remotamente através de uma rede de comunicação.

Display

(Vídeo, Monitor)

Tela onde são exibidas informações. Exemplos: tela de um monitor de vídeo, display de uma calculadora, tela de um laptop, etc.

Disquete

(Diskette)

Disco flexível removível utilizado para armazenar pequena quantidade de dados da ordem de 1,4 Mb.

Distorção

(Distortion)

Representação errônea de uma imagem que sofreu uma deformidade ao passar por um determinado equipamento.

DISTRIBUTED FILE SYSTEM

(Sistema de arquivos distribuídos)

É um tipo de sistema de arquivos que tem como função organizar os arquivos tanto do sistema quanto dos usuários de forma distribuída em uma rede nos vários computadores, no qual os arquivos são replicados nesses computadores para evitar perda de dados de maneira imperceptível para todos. O usuário, ao acessar seus arquivos, acredita que todos estão localmente em sua máquina, mas quando do acesso de um determinado arquivo, esse pode ser copiado para o sistema local ou alterado remotamente.

DLL

(Dynamic Link Library - Biblioteca de Ligação Dinâmica)

Arquivos que podem ser carregados dinamicamente por programas na hora em que são executados (utilizadas pelo sistema Windows).

DMA

(Direct Memory Access)

Processo que permite que outros periféricos acessem a memória RAM diretamente sem requisitar a CPU. Permitindo dessa forma um aumento de desempenho na transferência de dados. Exemplo de quem usa muito esse mecanismo é o disco rígido, muito embora outros periféricos possam utilizar também esse processo, como é o caso de duas unidades de CD em que pode ser feita uma cópia de dois CDs usando DMA.

DML

(Data Manipulation Language)

Linguagem de manipulação de dados que é utilizada em bancos de dados para fazer algumas tarefas como: selecionar dados (select), deletar dados (delete), inserir dados (insert) e atualizar dados (update). Uma das linguagens mais utilizadas chama-se SQL.

DNS

(Domain Name System)

Corresponde a um sistema de gerenciamento de nomes de forma hierárquica e distribuída. Esse sistema realiza a conversão de nomes de domínio em endereços IP e vice-versa.

DOMÍNIO

(Domain)

Ver DNS.

DOCLET

Programas desenvolvidos em Java que

permitem alterar a forma de saída do programa Javadoc em vez de html, para pdf, ps, etc.

☞ *DOGABYTE (DB)*

Unidade de medida de capacidade utilizada em computação que equivale a 1024 nonabytes. Corresponde a $\equiv 2^{100} \equiv 10^{30}$.

☞ *DOS*

(Disk Operation System)

Sistema operacional atualmente em desuso que alavancou a venda dos PC's. Esse sistema é monousuário e monoprocessador. Existe uma versão multiusuário denominada de DR-DOS. Ver DR-DOS.

☞ *DOT MATRIX PRINTER*

(Impressora Matricial)

Impressora de impacto que utiliza uma fita para imprimir em papel. Essa impressora possui baixa qualidade de impressão e produz muito barulho, em opoisção às impressoras a laser e jato de tinta.

☞ *DOUBLE*

(Duplo)

Variável numérica do tipo real definida em várias linguagens de programação de precisão dupla (pode conter o dobro do tamanho de uma variável de ponto flutuante simples). Geralmente possui uma precisão da ordem de 64 bits. Ver Float.

☞ *DOWNLOAD*

(Carregar)

Processo utilizado para baixar um arquivo de um sistema remoto para o sistema local através de uma conexão de rede ou telefônica. Ver *upload*.

☞ *DOWNSIZE*

Procedimento realizado por uma empresa que corresponde à mudança ou agregação de um sistema computacional existente (geralmente um computador de grande porte – mainframe) para um sistema que utiliza vários microcomputadores conectados em rede. O computador central (de grande porte) pode passar a ser apenas um dos sistemas da nova rede. Esse processo descentraliza o sistema existente, ganhando desempenho e flexibilidade.

☞ *DOWNTIME*

(Tempo inativo)

Tempo equivalente devido à inoperância ou inatividade (parado) de um sistema de computador. Isso equivale a perda de produtividade e consequente perda financeira.

☞ **DRAFT QUALITY**

Qualidade de rascunho.

☞ **DRAG AND DROP**

(Arrastar e soltar)

Procedimento que corresponde a selecionar um objeto virtual na tela e arrastar o mesmo para outra localidade em outro objeto virtual na tela e soltar. Em geral esse procedimento pode ser usado para realizar outras ações como criar associações entre dois objetos abstratos.

☞ **DRAM**

(Dynamic Random Access Memory)

É um tipo de memória de acesso direto que guarda os bits de dados em capacitores ou condensadores. Uma das grandes vantagens desse tipo de memória comparado ao SRAM é seu custo que é mais baixo e consegue armazenar mais bits em um mesmo espaço.

☞ **DRAWING PROGRAM**

(Programa de desenho)

Software que possui um conjunto de ferramentas que permite ao usuário, através do mouse, fazer desenhos e projetá-los no vídeo.

☞ **DR-DOS**

Versão multiusuário do sistema operacional MS-DOS criado pela empresa Digital Research Inc.

☞ **DRIVE**

(Unidade)

Parte física (hardware) de um dispositivo ou periférico. Exemplos: drive de CD, drive de disquete, drive de disco rígido, etc.

☞ **DRIVER**

(Software de uma unidade)

Parte do programa do sistema operacional do computador que tem como finalidade acessar fisicamente os dados armazenados na mídia do drive que pode ser: CD, DVD, disco rígido, disquete, entre outros.

☞ **DROP**

Em um banco de dados relacional, significa um comando utilizado para remover uma tabela desse banco de dados.

☞ **DSS**

(Decision Support System – Sistemas de Suporte à Decisão)

Software da área de sistemas de informação que tem como finalidade contribuir na tomada de decisões por parte dos executivos de uma empresa.

DTE

(Data Terminal Equipment)

Dispositivo utilizado como um terminal remoto para se comunicar com um DCE (Data Circuit Equipment) com o objetivo de realizar uma tarefa, havendo deste modo uma troca de informações. Ver DCE.

DTR

(Data Terminal Ready)

Sinal de comunicação que indica que o equipamento terminal está pronto para enviar dados.

DUAL BOOT

(Boot por mais de um sistema operacional)

O processo de boot é responsável por checar o computador e carregar o sistema operacional para a memória e executá-lo. O boot dual corresponde a um programa que está na memória ROM e antes de carregar o sistema operacional, questiona o usuário sobre qual dos sistemas existentes deve ser carregado para a memória e em seguida executá-lo.

DUMMY INSTRUCTION

(Instrução Fictícia)

Instrução fictícia de uma linguagem de programação utilizada quando a mesma é requisitada para resolver um problema de sintaxe, não realizando nenhuma tarefa.

DUMP

(Despejo, descarga)

Processo realizado em muitos casos quando houve algum erro grave e o sistema necessita gravar os dados da memória em um dispositivo de armazenamento para análise posterior e possível recuperação.

DUV

(Data Under Voice)

Sistema de comunicação responsável por transmitir simultaneamente dados e voz.

DVD

(Digital Versatile Disk – Disco Versátil Digital)

Disco utilizado para armazenar informações digitais de vídeo e áudio que tem a capacidade de armazenagem da ordem de 4,7 Gb ou 9 Gb com dupla camada. Muito superior aos CD's comuns

DV-I

que é da ordem de 700 Mb.

DV-I

1. (*Digital Video Interactive*) Tecnologia desenvolvida pela empresa General Electric Inc. que permite ao computador armazenar e exibir imagens de áudio e vídeo no monitor.

2. (*Digital Visual Interface*), Interface digital padrão criada por *Digital Display Working Group* (DDWG) com a finalidade de converter sinais analógicos em sinais digitais que permite trabalhar conjuntamente com monitores digitais e/ou analógicos.

☞ *Easy Media Creator*

Software utilizado para efetuar a gravação de CD's. Ver Nero.

☞ *EBCDIC*

(Extended Binary Coded Decimal Interchange Code)

Tabela de códigos criada pela IBM para representar os caracteres em computadores. Ver ASCII e Unicode.

☞ *E-Business*

(Electronic Business)

Negócio realizado por intermédio de meios eletrônicos. Por exemplo: através da Internet pode ser feita a compra de diversos produtos.

☞ *E-Book*

(Livro eletrônico)

E-Book é um pequeno aparelho capaz de armazenar milhares de livros em sua memória. Este aparelho está em desenvolvimento por parte de várias empresas e tem como incumbência substituir os livros tradicionais de papel num futuro próximo.

☞ *E-Check*

(Cheque eletrônico)

E-Check é um cheque eletrônico que tem a mesma finalidade de um cheque tradicional, ou seja, efetuar o pagamento de uma dívida. O ponto forte é que o pagamento é feito de forma rápica e segura. Essa tecnologia está em desenvolvimento pela FSTC (Financial Services Technology Consortium) que é baseada na linguagem FSML (Financial Services Markup Language).

ECLIPSE

Software gratuito que tem como objetivo servir de ambiente de desenvolvimento de aplicações escritas em Java. Ver o site: www.eclipse.org.

ECMA

(European Computer manufacturers association – Associação dos Fabricantes Europeus de Computadores)

Instituição fundada em 1961 e hoje continua com força total. A ECMA é responsável por estabelecer padrões de produtos e serviços e modelos tecnológicos.

ECO

Sinais refletidos devido à mudança de impedância em uma linha.

e-COMMERCE

(Comércio eletrônico)

Corresponde ao comércio eletrônico, ou seja, a compra e venda de produtos efetuados pela Internet entre usuários e empresas. Ver e-Business.

EDGE

(Enhanced Data Rates for Global Evolution)

Padrão de telefonia móvel apelidada de 2,5G, utilizada para trabalhar com as redes GSM a uma taxa de 384 Kbits/s. Este padrão utiliza o mesmo conceito que o TDMA (Time Division Multiple Access).

EDI

(Electronic Data Interchange)

Padrão definido para a transferência eletrônica de documentos

EDLIN

Editor de texto rudimentar baseado em comandos de linha utilizado em ambiente MS-DOS

EDS

(Exchangeable Disk Storage)

Unidade de disco que possui discos removíveis no lugar de discos fixos.

EEPROM

(Electrically Erasable Erogrammable Read-Only Memory)

Chip de memória que permanece com seu conteúdo inalterado mesmo após o computador ser desligado. Para configurar ou apagar seu conteúdo são utilizados sinais elétricos.

EGA

(Enhanced Graphics Adapter - Adaptador Gráfico Avançado)

Padrão de monitor de vídeo que possui uma resolução máxima de 640x350 pixels.

EHF

(Extremely High Frequency)

É a banda de mais alta frequência que opera em torno de 30 a 300 gigaherts.

EIA

(Electronic Industry Alliance)

Organização privada que normatiza padrões para a indústria eletrônica, telecomunicações e Internet. Essa organização é credenciada pela ANSI.

EG

(Expert Group)

Grupo de especialistas Java formado por empresas, organizações e indivíduos que tem como finalidade auxiliar o líder do grupo através de diversas revisões e sugestões.

EIFFEL

Linguagem de programação orientada a objetos que tem semelhanças com as linguagens C# e Java. Essa linguagem possui um ambiente de desenvolvimento chamado EiffelStudio.

EJB

(Enterprise JavaBeans)

É um dos principais componentes da edição J2EE do ambiente Java. É um componente do tipo servidor que roda no container para EJB do servidor de aplicação. A principal finalidadesda tecnologia EJB é fornecer rápido desenvolvimento de aplicações Java baseadas em componentes, distribuídas, transacionais, seguras e portáveis. Ver J2EE.

ELÉTRON

(Electron)

Partícula subatômica fundamental que pertence a um átomo e possui carga elétrica negativa.

ELETRÔNICA

(Electronics)

Ramo da ciência que trabalha com elétrons para o desenvolvimento e produção de produtos com o fim de abastecer diversos equipamentos eletrônicos, tais como: computadores, telefones, impressoras, calculadoras, monitores de vídeo, etc.

ELF

(Extremely Low Frequency)

Banda de frequência extremamente baixa que opera na faixa de 3 a 30 Hz.

ELSE

(Senão)

Em programação significa o senão da instrução *if/else*, ou seja, caso o resultado da expressão da condição if for falsa, as instruções do bloco else serão executadas. Ver IF statement.

EMBUTIDO

(Embedded)

Trecho ou código de um programa anexado ou incorporado a esse. Ver OLE.

E-MAIL

(Electronic Mail)

Método de comunicação eletrônico utilizado para permitir que pessoas se comuniquem umas com as outras através de mensagens eletrônicas. Existem dezenas de provedores que hospedam caixas de mensagens de usuários que permitem escrever, enviar e receber mensagens de qualquer parte do mundo.

EMPTY

(Vazio)

Termo utilizado para designar que um determinado conteúdo está vazio. Ver null.

EMULAÇÃO

(Emulation)

Fazer com que uma máquina se passe por outra. Geralmente um microcomputador emula um terminal de um mainframe.

EMULE

Software de compartilhamento de arquivos que trabalha em rede e permite a recuperação rápida de downloads corrompidos. Esse sistema efetua a transmissão de arquivos de forma compactada para minimizar o tráfego na rede.

ENABLE

(Ativar, permitir, habilitar)

Habilitar alguma coisa. Usar um sinal eletrônico para iniciar um processo ou acessar uma função.

ENCAPSULADO

(Encapsulated)

Termo utilizado na programação orientada a objetos para especificar que um determinado objeto está embutido em outro e para obter informações desse objeto; isso é feito atreves de métodos de acesso desse objeto.

ENCODING

(Codificação)

Codificar/decodificar uma informação de tal modo que o computador entenda.

ENCRYPTION

(Criptografar)

Ver criptografia.

END

(Fim)

Termo designado para determinar o fim de alguma tarefa.

ENDEREÇO

(Address)

Endereço de uma empresa, pessoa ou endereço de memória onde está localizado um valor numérico ou alfanumérico.

ENIAC

O primeiro computador eletrônico da história construído na década de 40. Pesava 30 toneladas e possuia 19 mil válvulas termoiônicas.

ENGINE

(Máquina ou motor)

Termo utilizado na informática para designar um conjunto de rotinas que executam uma determinada tarefa. Essas rotinas são otimizadas e executam a tarefa da maneira mais rápida possível. Por exemplo: JVM (java virtual machine). Ver JVM.

ENSURE

(Assegurar)

Termo utilizado para designar que foi habilitada a proteção contra gravação em um disco.

ENTER

(Inserir, introduzir, confirmar)

Tecla mais importante em um teclado que é responsável por introduzir um comando de ação para ser interpretado pelo sistema de computador.

ENVIAR

(Dispatch)

Ato ou efeito de enviar (despachar) uma mensagem ou alguma outra coisa para outra localidade

ENVIRONMENT

(Ambiente)

Em computação significa o meio ou ambiente utilizado para o desenvolvimento de um sistema de computador. Podemos dizer que existe uma série de softwares desenvolvidos por milhares de empresas que tem como objetivo rodar no ambiente Windows. De outra forma existem outros softwares que só rodam em ambiente Linux e outros que rodam em computadores da Aple Inc, etc.

EOF

(End Of File)

Termo utilizado para designar o que foi encontrado o fim do arquivo, ou seja, o último byte do arquivo foi lido.

EPROM

(Electrically Programmable Read-Only Memory)

Chip de memória não volátil que é utilizado em computadores para efetuar o boot do sistema. Contém um programa que permite checar o hardware e buscar o sistema operacional do disco rígido e armazená-lo na memória e rodá-lo. Uma Eprom pode ser regravada por de seu apagamento através de equipamento especial que expõe a eprom a raios ultravioletas.

EQUIPMENT

(Equipamento)

Em computação designa o próprio computador. Esse é um equipamento eletrônico utilizado para rodar diversos tipos de sistemas computacionais.

ERASE

(Apagar, deletar)

Termo na computação que tem como finalidade eliminar um arquivo ou trechos de um arquivo.

ERP

(Enterprise Resource Planning)

Plataforma de software implantada com o objetivo de automatizar e armazenar informações de negócios de uma determinada empresa, integrando os diversos departamentos e seções da mesma.

ERRO

(Error)

Significa dizer que um sistema computacional (hardware ou software) tem um erro ou sob determinadas condições pode acontecer um erro, ou mesmo pode causar um erro não previsto.

ESC

Tecla responsável por retornar a uma etapa anterior de um sistema de software ou sair dele.

ESCALABILIDADE

Um sistema é escalável quando possui a capacidade de aumentar o desempenho à medida que aumenta seus recursos computacionais de forma equivalente ao aumento de carga de processamento, ou seja, o sistema perde desempenho gradual à medida que aumenta a carga também de forma gradual, não tem uma queda abrupta.

ESCALONAMENTO

Política utilizada pelo sistema operacional para organizar processos que devem ser selecionados para rodar. O escalonamento tem algumas peculiaridades, como multiusuário, multitarefa, multiprocessamento, etc.

ESCOPO DE VARIÁVEIS

Termo usado para definir qual a abrangência no programa de uma variável. Existem as variáveis que têm abrangência global (todas as rotinas acessam essas variáveis) e as variáveis que têm abrangência local (apenas o bloco que define essas variáveis pode acessar as mesmas).

ESDI

(Enhanced System Device Interface)

Padrão utilizado para designar a interface entre a CPU e equipamentos periféricos. Existem outras interfaces tais como: SCSI, ST506, etc.

ESPECIALIZAÇÃO

Em programação orientada a objetos corresponde ao conceito de que uma classe estenda uma superclasse e realize o refinamento ou faça apenas determinadas especificações dessa superclasse.

ESTAÇÃO DE TRABALHO

(Workstation)

Equipamento com grande poder computacional, geralmente composto de grande capacidade gráfica, impressora, terminal de vídeo, modem e quase sempre conectado a uma rede.

Estado

Em programação orientada a objetos corresponde aos valores dos atributos e ligações de um objeto em um determinado instante.

Ethernet

Padrão de fato de redes locais que usa o protocolo CSMA/CD. Os tipos de cabos podem ser: Cabo coaxial fino (atinge distâncias de até 180 metros), Cabo coaxial grosso (atinge distâncias de até 500 metros) e par trançado (atinge distâncias de até 100 metros). Ver Fast Ethernet e Gigabit Ethernet.

EtherTalk

(Rede Ethernet Apple)

Sistema de rede local semelhante à rede Ethernet dos sistemas PC's, que é utilizado para equipamentos da Aple (Macintosh).

ETX

(End of Text)

Caracter que indica o fim do texto.

Evaluate

(Avaliar)

Termo utilizado para designar o cálculo de uma expressão. A expressão será avaliada pelo sistema computacional.

Even

(Par)

Designa um número par em inglês.

Evento

(Event)

Corresponde a uma ação disparada por um processo. Trecho de um programa de computador onde cada passo da execução depende de ações externas.

Event Source

(Disparador de Eventos)

Eventos são ocorrências causadas por diversos fatores, por exemplo: O usuário digitou uma determinada tecla ou clicou o mouse em determinado componente (botão, caixa de seleção, item de menu, etc). Para tanto deve haver um método que trate tal evento e devolva uma resposta de forma adequada.

Exabyte (EB)

Unidade de medida de capacidade que equivale a 1024 Petabytes. Corresponde a $\equiv 2^{60} \equiv 10^{18}$.

Exceção

(Exception)

Em programação é um erro que tem

probabilidade de acontecer e o deve ser detectado e tratado. Por exemplo: a conversão de uma string de caracteres para inteiro pode acontecer um erro se os valores da string não forem numéricos. Nesse caso acontece um erro. Logo, ocorre uma exceção e deve ser tratada de acordo.

EXCEL

Software de planilha eletrônica desenvolvido pela Microsoft. Essa planilha faz parte do pacote denominado Office da Microsoft e é uma das planilhas mais utilizadas do mundo.

EXCHANGE SERVER

Software que é utilizado como um Servidor de mensagens e de colaboração desenvolvido pela Microsoft. Este software permite a troca de e-mails em uma rede de computadores e trabalha diretamente com o Microsoft Outlook, Exchange Server, Outlook Express e demais aplicações de e-mail clientes.

EXE FILE

(Arquivo EXE)

Tipo de arquivo que em ambiente Dos ou Windows designa um arquivo que contém código binário e que ao ser ativado será interpretado pelo sistema operacional e posto para rodar.

EXIT

(Sair, abandonar)

Instrução de um programa responsável por encerrar a execução desse. A saída do sistema pode ser normal ou uma saída devido a um erro do sistema.

EXNOR

(Exclusive NOR)

Função lógica que tem em sua saída "verdadeira" se todas as opções de entrada forem iguais. Se existir pelo menos uma das entradas diferentes umas das outras o resultado será falso.

EXOR

(Exclusive OR)

Função lógica que tem uma resposta verdadeira caso exista pelo menos uma entrada verdadeira. E o resultado será falso caso todas as entradas forem iguais.

EXPERT

(Especialista)

São softwares da área de Inteligência Artificial compostos de regras que analisam informações obtidas do usuário ou de um arquivo com o objetivo de realizar uma determinada tarefa específica.

Export

(Exportar)

Processo utilizado para efetuar a gravação de um arquivo no formato diferente daquele pré-selecionado.

Extranet

É uma rede privada (*Intranet*) que tem parte de seu conteúdo acessível via Internet através de um site especificamente criado para esse fim. Funcionários e determinados usuários acessam esta Intranet através de outra rede externa a essa rede privativa. Uma rede *extranet* é concebida geralmente com a finalidade de acesso a Intranet por parte dos parceiros da empresa para a troca de informações sobre compras, vendas, produção, distribuição, contabilidade, etc.

Facsimile/FAX

Equipamento utilizado para receber ou enviar documentos por intermédio de uma linha telefônica. Esse equipamento contém papel térmico que ao receber um documento o reproduz nesse papel. Para o envio de um documento, o mesmo é submetido ao fax e após digitar-se o número do telefone de destino, esse documento é enviado eletronicamente e recebido pelo fax destino.

Fail

(Falhar)

Operação realizada que fornece um ou mais valores incorretos (diferente(s) daquele(s) esperado(s)).

Failure

(Falhar, fracasso)

Falha ocorrida em um sistema computacional que pode ser de hardware ou de software. Procedimento que fornece uma resposta incorreta.

Fall back

(Emergência)

Falha ocorrida na comunicação entre dois modems, onde os dados foram corrompidos devido a ruídos encontrados na linha de comunicação.

False

(Falso)

Termo utilizado para designar que um

bit tem o valor (0), apagado. Ao contrário do valor verdadeiro que é (1) ou em inglês (true). Ver True.

Fast Ethernet

Ver 100BaseT.

FAQ

(Frequentily Asked Questions)

Perguntas mais frequentes a respeito de um assunto.

FAT

(File Allocation Table)

Sistema de arquivos desenvolvido pela Microsoft inicialmente para o sistema operacional MS-Dos e que foi aproveitado para o sistema Windows. É considerado um sistema de arquivos simples.

Fatal Error

(Erro Fatal)

Falha ocorrida em um sistema que não pode ser recuperada, ou seja, muito provavelmente há a necessidade de reinicializar o computador ou até reformatar o disco rígido.

Fault

(Falha)

Falha ocorrida no hardware ou no software de um sistema computacional.

FDDI

(Fiber Distributed Data Interface)

Padrão de rede de computadores cuja especificação ANSI é X3T9.5. Essa especificação designa que o cabeamento é de fibra ótica e que a taxa de transmissão é da ordem de 100 Mbps. A topologia é Token Ring com dois anéis em sentido contrário. Esse tipo de rede pode possuir até 500 estações a uma distância de 2 quilômetros.

FDISK

Software utilizado para efetuar a divisão de um disco rígido em partições, ou seja, um único disco rígido passa a ter tantos discos lógicos quanto se queira particionar. As denominações são: C:, D:, E:, etc.

Feature

(Recurso)

Característica ou conjunto de recursos de um sistema ou dispositivo.

Feedback

Retroalimentação, retorno.

FEP

(Front End Processor)

Ver Frontend.

FERRITE

Designa um tipo de memória utilizada nos primórdios da computação, que possuía núcleos de ferrite que tinham a capacidade de armazenar dados através de uma carga eletromagnética.

FIBRA ÓTICA

(Fiber Optic)

Cabeamento utilizado para interligar redes de computadores ou computadores. Possui uma taxa altíssima de transmissão de dados. Funciona através de fótons denominados de pulsos de luz. Contrapondo ao cabeamento mais comum que utiliza os elétrons para transmitir as informações.

FIELD

(Campo)

Em um formulário de papel ou eletrônico corresponde aos espaços que devem ser preenchidos adequadamente e o formulário deve posteriormente ser submetido à rede ou entregue em mãos.

FIF

(Fractal Image Format)

Tipo de formato de arquivo utilizado para armazenar imagens do tipo fractal. Ver Fractal.

FIFO

(First In First Out)

Em estrutura de dados corresponde a uma fila onde o primeiro elemento a entrar nesta fila é o primeiro elemento a sair desta fila.

FILE

(Arquivo)

Repositório distinto de dados que é utilizado para armazenar informações que podem ser utilizadas a posteriori. Existem vários tipos de arquivos, a saber: arquivo de vídeo, arquivo de dados, arquivo de áudio, etc.

FILENAME

Palavra que identifica um determinado arquivo num sistema. Esse nome pode conter todo o caminho de onde se encontra o arquivo, geralmente começando na raiz do sistema de arquivos.

FILIAR-SE

(Affiliate)

Associar-se, afiliar-se, juntar-se com outrem. Concatenação de valores.

FILL

(Preencher)

Designa-se o preenchimento total de um repositório. Por exemplo: todos os campos de um formulário foram completamente preenchidos.

FILTER

(Filtro)

Termo utilizado para designar que determinada informação deve passar antes pelo crivo (filtro) determinado para poder ser usada. A informação que não obedece ao padrão comparado não é passada adiante.

FIND

(Encontrar)

Comando do sistema operacional Unix/Linux utilizado para encontrar determinados arquivos no sistema.

FIREBIRD

Sistema de gerenciamento de bando de dados relacional que funciona nos diversos sistemas derivados do Unix, bem como no sistema Windows. Esse sistema oferece os recursos do padrão SQL e possui alta performance, como também é usado em sistemas de produção sob várias denominações desde a década de 80.

FIREFOX

Browser (navegador) da Internet que opera em diversas plataformas e tem acesso gratuito. Esse browser foi desenvolvido pela empresa Mozilla Foundation.

FIREWALL

(Barreira de proteção)

Software ou Hardware desenvolvido com a finalidade de proteger o usuário contra o acesso de *Hackers* e *Crackers*.

FIREWORKS

Software desenvolvido pela Macromedia que tem como finalidade principal a edição de imagens.

FIRMWARE

Programa gravado em Eprom.

FLAG

(Indicador)

Em programação é uma variável geralmente do tipo booleana que pode estar ligada (1) ou desligada (0). Usa-se normalmente esse mecanismo para controlar um loop.

FLASH

Software desenvolvido pela Macromedia que tem como objetivo efetuar animação em imagens simples ou complexas permite aumentar e reduzir elementos da animação, mover de posição estes objetos, e outras tarefas sem que a animação ocupe muito espaço no disco.

Flash Memory

Tipo de memória especial não volátil (seu conteúdo não é apagado quando o equipamento é desligado) que pode ser reprogramada e/ou apagada voluntariamente pelo sistema, conforme a necessidade.

Flexibility

(Flexibilidade)

Possibilidade de um equipamento ou programa se adaptar as diversas condições ou tarefas.

Float

Variável numérica do tipo real definida em várias linguagens de programação de precisão simples que possui a parte fracionária. Geralmente possui uma precisão da ordem de 32 bits. Ver Double.

Floating-point Processor

(Processador de Ponto Flutuante)

Processador auxiliar que trabalha junto da CPU que tem como finalidade realizar cálculos matemáticos de ponto flutuante. Trabalha muito mais rapidamente do que a CPU para esse tipo de cálculo.

Floppy Disk

Tipo de unidade de armazenamento que é formada por um disquete utilizado para o armazenamento de informações. O disquete pode ser regravado e utilizado diversas vezes. Hoje o tipo mais utilizado é o disquete de 3,5 polegadas.

Flush

Atualizar, esvaziar, limpar.

Fluxograma

(Flowchart)

Diagrama de fluxo que exibe uma sequência de comandos de programação que devem ser seguidos para execução de uma tarefa.

Folder

(Pasta)

Pasta em um sistema de arquivos que indica um caminho em uma árvore de diretórios. Essa pasta pode conter outras pastas ou arquivos de dados.

Font

Tipo de caracter que possui uma forma ou estilo e um tamanho. Exemplos de fontes

fontes mais conhecidas: Arial, Times New Roman, Verdana, etc.

FOOT

Margem inferior.

FOOTNOTE

Nota de rodapé.

FOOTER OR FOOTING

Rodapé.

FOREGROUND

Processos executados em primeiro plano. Geralmente necessitam da interação com o usuário. Ver Background.

FORM

(Formulário)

Documento que possui uma série de questões pré-impressas que podem ser respondidas e submetidas ao processamento de um computador ou a um funcionário.

FORMAT

(Formatar)

Processo realizado pelo sistema operacional com a finalidade de adequar a mídia do dispositivo ao sistema de arquivos usado pelo sistema operacional. Organizar e enumerar trilhas e setores da mídia do dispositivo.

FORWARD

Transferir uma mensagem recebida para outro destino. Denomina-se repassar a mensagem para outrem.

FPS

(Frames Per Second)

Taxa de transmissão de quadros por segundo utilizado para dar movimento a imagens em um dispositivo como um monitor de vídeo ou uma televisão.

FRACTAL

Divisão de uma forma geométrica em fragmentos de menor tamanho semelhantes à mesma.

FRAME

(Janela ou quadro)

1. Em sistemas de computação corresponde a uma janela onde se podem dispor os componentes como: botões, itens de menus, caixas de diálogo, etc.

2. Em redes de computadores corresponde a quadros (partes de uma mensagem) que são quebrados adequadamente e transmitidos através de uma rede de comunicações. No destino os quadros são remontados e retorna a mensagem original para poder ser interpretada.

FRAMEWORK

É uma arquitetura de software que provê uma solução para um conjunto de problemas semelhantes. Nesse estão embutidas as dependências e colaborações. Um framework possui código que impõem um domínio para aplicações particulares.

FREE_

(Livre)

Termo utilizado para designar que um recurso está livre e que pode ser acessado por outro processo.

FREEWARE

Software distribuído gratuitamente para os usuários. É distribuído o arquivo executável, não sendo permitido o acesso aos arquivos fontes.

FRONTEND

Equipamento local que trata os dados antes de serem transmitidos para os equipamentos denominados de Backend, os quais realizam o processamento de dados. Ver Backend.

FTP

(File Transfer Protocol)

Protocolo da família TCP/IP que é utilizado para fazer o download de arquivos.

FULL_

(Cheio)

Termo utilizado para designar que um repositório está complemente cheio. Por exemplo: diz-se que a memória está cheia.

FUNÇÃO

(Function)

Parte de código em uma linguagem de programação utilizada para realizar uma tarefa. Uma função geralmente retorna um valor para a instrução que a chamou.

FUNÇÃO ACKERMAN'S

(Ackerman's Function)

Função desenvolvida por Ackerman com a finalidade de testar compiladores quanto ao uso de recursão.

GAME

(Jogo)

Sistema de entretenimento e/ou educação desenvolvido em uma linguagem de programação. Essa é uma das áreas da computação que nos últimos anos teve um crescimento muito grande e promete um desenvolvimento ainda maior.

GAP

(Intervalo)

Espaço entre informações gravadas em um disco. Esse espaço pode ser um bit, um caracter, etc.

GARBAGE

(Resíduo, lixo)

Em Java existe um procedimento na JVM (Java Virtual Machine) que se chama coletor de lixo, que é utilizado sem a interferência do usuário com o objetivo de liberar memória e fechar arquivos que não estão sendo usados no momento e até o fim da aplicação não serão mais usados.

GATE

(Porta, circuito)

Dispositivo eletrônico que tem uma função lógica booleana programada, que pode ser, por exemplo, AND, OR, NAND, NOR, XOR, etc.

Gateway

Equipamento de rede responsável pela comunicação entre arquiteturas de redes diferentes.

GDSS

(Group Decision Suport Systems)

São sistemas com capacidade de apoiar grupos a tomar decisões no contexto de reuniões. Os pontos principais desses sistemas são coletar informações geradas nas reuniões. Tais reuniões têm as seguintes tarefas como meta básica: coleta de informações, brainstormming., criação de listas, votação, atribuição de prioridades ou criação de consenso.

Generalização

Em programação orientada a objetos, tem o mesmo significado que herança. Ver Herança.

Geostationary Satellite

(Satélite Geoestacionário)

São satélites que se encontram estacionados em um determinado ponto relativo sobre a terra. Esses satélites movem-se em torno do eixo da terra, logo, são muito úteis para a observação de uma mesma região.

Gerações dos Computadores

Os computadores tiveram o início de sua fabricação na década de 40/50 que correspondem às seguintes gerações até a presente data: 1ª geração (computadores baseados em Válvulas), 2ª geração (computadores baseados em Transistores), 3ª geração (computadores baseados em CI - Circuito Integrado), 4ª geração (computadores baseados em Chip VLSI), 5ª geração (computadores baseados na tecnologia Risc). Imagina-se que a próxima geração será a comutação quântica que se encontra em fase de pesquisas.

Get

Termo em inglês que significa obter. Em computação geralmente corresponde a um comando ou instrução para a obtenção de um registro de um arquivo ou banco de dados.

GHz

(Gigahertz)

Um gigahertz corresponde a um bilhão de ciclos por segundo. A denominação Hertz é uma homenagem a Heinrich Rudolf Hertz devido as suas importantes contribuições científica para o eletromagnetismo.

GIF FILE

(Graphics Interface Format File)

É um formato baseado em um mapa de bits utilizado para comprimir um arquivo contendo imagens. Essa compressão tem uma perda, mas praticamente é imperceptível para os usuários. Ver JPEG, JPEG++.

GIGABIT ETHERNET

Ver 1000BaseT.

GIGABYTE (GB)

Unidade de medida de capacidade que equivale a 1024 Megabytes. Corresponde a $\equiv 2^{30} \equiv 10^9$.

GIS

(Geographical Information System)

É um sistema que tem como finalidade criar, armazenar, analisar e gerenciar dados obtidos de equipamentos que captam imagens mapeadas de regiões diversas.

GOAL

(Objetivo)

É uma meta projetada ou um objetivo especificado que se deve tentar atingir. Quando o trabalho foi terminado, atingiu-se o objetivo final.

GOOGLE

Site de busca da Internet que atualmente é um dos mais utilizados pelos internautas.

GOPHER

É um sistema de pesquisa e organização de arquivos que antecede a Web. Ghoper foi desenvolvido pela Universidade de Minnesota. Depois da Web muitos dos bancos de dados foram convertidos em sites da Web uma vez que facilita a busca de informações.

GOSUB

Comando da linguagem de programação Basic que tem como objetivo dar um salto para um label especificado na instrução que contém uma rotina a ser executada. No final dessa rotina deverá ter uma instrução return para haver o retorno para a instrução seguinte ao GOSUB.

GOTO

Instrução de uma linguagem de programação atualmente em desuso que corresponde a um desvio de uma sequência normal de instruções com a finalidade ativar outro trecho do programa.

GRÁFICO

(Graphic)

Significa o desenho de linhas e/ou imagens na tela do monitor de vídeo de um computador.

GRAMATICAL ERROR

(Erro gramatical)

Em uma linguagem de programação significa um erro de sintaxe ou um erro semântico. O erro sintático refere-se a erro na escrita de algum comando. Enquanto que o erro semântico refere-se à ordem em que algum parâmetro ou termo está posicionado.

GRANULARIDADE

(Granularity)

Corresponde ao tamanho de um segmento de memória, mais precisamente segmento da memória virtual.

GREY SCALE

(Escala de cinza)

Termo utilizado para descrever tonalidades que variam do branco ao preto em monitores de vídeo monocromáticos.

GRID COMPUTING

Computação de grade, ou seja, computação realizada em diversas máquinas distribuidas localmente ou geograficamente dispersa (uma modalidade de computação distribuída).

GROUPWARE

Software que tem como objetivo disponibilizar um correio eletrônico para que um grupo de pessoas conectado em uma rede possa executar uma determinada tarefa.

GSM

(Global System for Mobile Communications - Sistema Global para Comunicações Móveis)

Tecnologia móvel de comunicação de equipamentos celulares utilizada em diversos paises. Essa tecnologia corresponde à segunda geração da telefonia móvel e é um padrão aberto.

GUI

(Graphical User Interface)

Compreende a interface entre o sistema de computador e o usuário. Essa interface é composta geralmente por janelas, ícones, etc.

Hacker

Indivíduo que invade um sistema de computadores e vasculha os dados nele contidos. Pode também danificar esses dados. Ver cracker.

Halt

(Parada)

É um comando utilizado para parar a execução de uma tarefa.

Hamming Code

(Código de Hamming)

Código criado por Richard Hamming para a detecção de erros utilizados na área de telecomunicações. Este código pode também detectar erros em um único bit ou em dois bits.

HandHeld

(Portátil)

Ver *Palmtop*.

Handler

Trecho de código de uma linguagem de programação responsável por atender a execução de uma tarefa à medida que o usuário seleciona um botão ou outro componente em um programa gráfico.

Handoff/Handover

(Controle Indireto)

Processo utilizado em comunicações móveis que significa a mudança de uma estação radiobase para outra mais próxima com o objetivo de continuar a conexão atual. Esse processo é praticamente imperceptível pelo usuário.

Handshake

Sinais de comunicação utilizados por dois equipamentos com o objetivo de estabelecer uma comunicação.

Hangup

(Parar)

Parada de um sistema em execução devido a um erro não previsto.

Hardware

Parte física de um computador. Compõe todos os equipamentos e periféricos de um sistema computacional. Exemplo: gabinete, impressora, plotter, modem, monitor, etc.

Hash Code

(Código Hash)

Corresponde ao sistema de codificação oriundo da tabela ASCII.

Hayes Corporation

Empresa da área de comunicações que desenvolve produtos, suporte a produtos de comunicações para negócios, governo, pequenos escritórios, etc.

HD

(Hard Disk)

Disco rígido é o periférico mais importante de um sistema de computador, que armazena a maior parte dos dados de um computador. Esse periférico possui discos internos denominados de pratos, formados por trilhas e setores onde são postas as informações do sistema e dos usuários.

HDTV

(High Definition Television)

Televisão de alta definição que emite sinais de alta definição e que tradicionalmente segue os padrões NTSC, SECA e PAL.

HDVS

(High Definition Video System)

Sistema de alta definição para equipamentos de vídeo, câmeras e editores desenvolvidos pela Sony.

Header

(Cabeçalho)

Texto escrito que aparece no topo de uma página.

HEADLINE

(Título)

Título de destaque em um texto.

HELP

(Ajuda)

Em um sistema de computador corresponde geralmente a uma opção de um item de menu utilizado para descrever determinados passos de um comando ou informações a respeito do sistema em uso.

HERANÇA

É uma das ferramentas mais poderosas da programação orientada a objetos. O conceito básico é o reaproveitamento de código já elaborado e fazer modificações e ampliações sobre o mesmo. Em Java, para utilizar esse mecanismo, deve-se usar o modificador **extends**. Com isso, o compilador é informado que a classe presente deve ser estendida e o novo código deve ser utilizado, bem como partes inalteradas existentes na superclasse. É o mecanismo em que uma subclasse pode estender uma superclasse, aproveitando seus comportamentos (métodos) e estados possíveis (atributos).

HERANÇA MÚLTIPLA

Em programação orientada a objetos corresponde ao conceito de que uma classe possua mais de uma superclasse e herde as características de todas as superclasses. Ver Herança, Herança Simples.

HERANÇA SIMPLES

Em programação orientada a objetos corresponde ao conceito de que uma classe pode ter apenas uma superclasse e herde as características dessa superclasse. Ver Herança, Herança Múltipla.

HERTZ

Ver Hz.

HEURÍSTICA

(Heuristic)

Processo de aprendizado que se utiliza de esperiências adquiridas no passado. Os métodos heurísticos abrangem estratégias, procedimentos, métodos de aproximação tipo tentativa e erro, sempre na busca de se encontrar a melhor forma de se chegar a um determinado objetivo.

HEXADECIMAL

Sistema de numeração utilizado na computação para codificar endereços que seja mais fácil de entender, contrapondo ao sistema binário (valores muito grandes) que seria praticamente impossível de ser entendido pelo ser humano. Esse sistema possui 16 dígitos diferentes que corresponde a: 0, 1, 2, 3, 4, 5, 6, 7, 8, 9, A, B, C, D, E e F. Ver Octal e Binário.

Hewlet-Packard (HP)

Empresa multinacional que fabrica e comercializa uma grande quantidade e diversidade de produtos de computação. Como exemplo: impressoras, computadores, etc. Site: www.hp.com.

HF

(High Frequency)

Faixa de frequência do espectro eletromagnético que corresponde a ondas de rádio que está entre 3 Mhz e 30 Mhz.

Hiden

(Escondido)

Ocultamento de dados ou arquivos em um sistema. Os mesmos podem se tornar visíveis após a execução de determinados comandos.

High-Level

(Alto nível)

Linguagens de alto nível são aquelas que facilitam o desenvolvimento de aplicações sem ter de especificar muitos detalhes para se efetuar uma rotina.

Highlight

(Realce)

Destaque de um componente tal como um botão, uma caixa de seleção ou campo de texto ao passar o mouse por cima de algum desses componentes.

Histograma

(Histogram)

Gráfico gerado por um sistema computacional que tem a forma de retângulos (barras) que podem estar dispostos tanto na horizontal ou na vertical. Esse gráfico é gerado após a análise de uma tabela de dados.

Hipertexto

(Hyperlink)

Palavras ou imagens usadas para acessar outros textos.

Hipermídia

O hyperlink leva a arquivos multimídia.

HMA

(High Memory Area)

Corresponde aos primeiros 64 Kbytes após o 1º Mb da memória RAM em computadores tipo PC.

HOLOGRAMA

(Hologram)

Imagem tridimensional produzida por um equipamento ou impressa em um cartão que pode ser vista em diversos ângulos. Essa imagem é exibida em alguns cartões magnéticos.

HOST

Qualquer equipamento que envia e recebe dados em uma rede de computadores.

HOTJAVA

Browser desenvolvido pela empresa americana Sun Microsystems que tem como objetivo principal rodar applets escritos na linguagem de programação Java. Ver Applet.

HPUX

(Hewlett Packard UniX)

Sistema Operacional derivado do sistema Unix versão cinco (system V) desenvolvido pela HP que roda nos equipamentos desta empresa.

HTML

(Hyper Text Markup Language)

Linguagem de marcação de hipertexto pioneira da Web. Os arquivos em HTML possuem tags que são utilizados para reproduzirem uma série de formatos, tais como: tipo de letra, tabelas, cabeçalho, rodapé, cor da letra, etc.

HTTP

(Hyper Text Transfer Protocol)

Protocolo de comunicação pertencente à família TCP/IP para transferência de hipertexto. Define também como o servidor e o navegador se comunicam.

HUB

Concentrador de fiação responsável por conectar dois ou mais equipamentos de uma rede local a nível físico, usando a topologia em estrela.

HUFFMAN CODE

(Código de Huffman)

Algoritmo de codificação de dados desenvolvido por David A. Huffman. Este algoritmo foi desenvolvido quando David era estudante do MIT. A importancia desse algoritmo baseia-se na quantidade de uma mesma ocorrência de um caracter que ocupa menos espaço que um caracter que ocorre com menos frequência.

HUNG

(Parado)

Parada (crash) de um sistema devido a

um erro de programação muito provavelmente por causa de um loop infinito ou outro erro.

Hyper Cube

(Hipercubo)

Corresponde a uma proposição teórica de um poliedro de quarta dimensão, ou seja, se deslocarmos um cubo perpendicularmente a todas as suas trajetórias será obtido um hipercubo. Sabemos que a quarta dimensão não existe em nosso espaço tridimensional, então fazemos a analogia para representarmos um hipercubo, unindo todos os vértices de dois cubos por segmentos de reta.

Hyperlink

(Hiperligação)

Palavra, frase ou imagem em uma página da Web que ao ser selecionada passa para exibição de outra página daquele site ou de outro site.

Hypermedia

(Hipermídia)

Conceito criado por Ted Nelson nos anos 60 que compreende ao tratamento de dados dos diversos tipos tais como: texto, imagem, som/voz e vídeo.

Hypertext

(Hypertexto)

É uma forma de interação de um texto da web em que o usuário percorre o texto eventualmente dando saltos em determinados links existentes no próprio texto.

Hz

(Hertz)

É a sigla para a unidade de frequência que corresponde a um ciclo por segundo.

I-BEAM

Cursor em forma de I.

IC

(Integrated Circuit)

Ver CI.

ÍCONE

(Icon)

Imagem em um sistema computacional que é utilizado como atalho para acessar um determinado sistema, ou apenas a exibição de uma imagem.

ICQ

(I seek you - Eu procuro você)

Software utilizado para se realizar a comunicação instantânea entre usuários, desenvolvido pela empresa Mirabilis no ano de 1997. Ver *Messenger*.

ID

(Identification)

Normalmente significa um código de identificação de um determinado usuário.

IF STATEMENT

(Commando IF)

Comando condicional utilizado para desviar uma sequência de instruções dependendo de uma expressão se a mesma for verdadeira ou falsa. Normalmente esse comando está opcionalmente associado a cláusula else (senão) que é a condição falsa da expressão. Ver *else*.

IH

(Interrupt Handler)

Ver *Handler*.

IMAGEM

(Image)

Figura ou ícone que representa no monitor um conjunto de pixels, tornando visível a identificação da imagem pelo usuário.

IMPACT PRINTER

Impressora matricial que opera com agulhas para imprimir no papel através de uma fita de impressão.

IMPLEMENTAÇÃO

Etapa de desenvolvimento de um sistema que corresponde à codificação desse sistema na linguagem de programação escolhida.

IMPORT

Diretiva da Linguagem Java utilizada para a importação de classes do pacote especificado. Exemplo: import java.awt.*;.

IMPRESSORA

Equipamento de saída que tem como função imprimir em papel dados e informações oriundas de um computador isolado ou conectado em rede. Basicamente esistem três tipos: a laser, a jato de tinta e matricial. O que difere um tipo dos outros pode ser: Nível de Ruído, Custo, Manutenção e Qualidade de Impressão.

INATIVO

(Down)

Sistema de computação que está sem funcionar por alguma razão ou falha.

INCREMENTO

Termo que significa o acréscimo de um (1) a uma variável.

INDENT

(Alinhamento)

Processo que significa o espaçamento antes de uma linha de código de tal forma a existir um alinhamento hierárquico entre os comandos. Geralmente são utilizados espaços ou tabulação para a endentação.

INDEX

Índice usado para identificar um elemento em uma estrutura de array. Os índices podem ser unidimensionais (vetor) ou multidimensionais (matriz).

INFECTED COMPUTER

Computador com vírus. Geralmente o computador funciona com problemas que se agravam à medida que é usado. Para resolver o problema, é necessário executar um programa denominado antivírus. Caso não resolva, deve-se reformatar o sistema.

INFO

Revista de informática publicada pela Editora Abril que tem o maior alcance entre o público brasileiro.

INFORMAÇÃO

É qualquer idéia ou fato que possa ser transmitida ou armazenada de alguma forma.

INFORMATION NETWORK

(Redes de Informação)

Redes que interligam vários usuários através de linhas telefônicas e modems.

INFORMATION OUTPUT

(Saída de Informação)

Processo de exibição de informação em algum meio que possa ser exibido.

INFRARED

(Infravermelho)

São ondas de luz de alta frequência que deve ser direcionadas em linha de visão (trajeto não obstruído) para serem usadas para transportar dados entre nós distantes até 24,4 metros; os feixes infravermelhos não conseguem atravessar paredes de alvenaria. O uso mais comum deste tipo de meio é para redes locais, controle remoto, etc.

INHERITANCE

(Herança)

Ver Herança.

IN-HOUSE

Todo o processamento de dados é realizado internamente (em casa ou na empresa).

INITIALIZATION

Ver Boot.

INPUT

(Entrada)

Termo utilizado na computação para designar a entrada de dados de um componente para outro. Exemplo: É através do teclado e do mouse que o usuário introduz informações para dentro do computador. Ver Output.

INSERT

Em um banco de dados relacional que utiliza a linguagem SQL, significa um comando de inclusão de dados em uma ou mais tabelas sob determinadas condições.

INSERT KEY

Tecla denominada insert que quando pressionada tem a função de inserir caracteres quando digitados antes do caracter corrente. Para parar o modo de inserção basta pressionar novamente essa tecla.

INSERT MODE

Modo de inserção. Ver *Insert key*.

INSTALL

(Instalar)

Procedimento que corresponde a por um sistema de hardware ou software para funcionar. A instalação de um software é feita através de procedimentos que o usuário realiza e configura com a finalidade de um sistema operar da melhor forma possível.

INSTALLATION

(Instalação)

Ver *Install*.

INSTÂNCIA

(Instance)

Termo utilizado em programação orientada a objetos que significa que um objeto é a instância de uma classe, ou seja, o objeto só passa a existir após sua instanciação. Em Java isto é feito por intermédio da palavra reservada "new". Exemplo: MinhaClasse mc = new MinhaClasse();.

INTEGER

(Inteiro)

Tipo de dado primitivo em uma linguagem de programação que possui um valor do tipo inteiro que corresponde a valores positivos ou negativos sem a parte fracionária. Existem basicamente quatro tipos de valores inteiros, a saber: inteiro com 8 bits (byte), inteiro com 16 bits (short), inteiro com 32 bits (int) e inteiro com 64 bits (long).

INTEGRITY

(Integridade)

Termo utilizado para designar que dados não foram corrompidos em algum processamento, ou seja, estão intactos, íntegros.

INTEL

Empresa americana fabricante de

ships (circuitos) principalmente microprocessadores denominados de Pentium. Além de chipsets, adaptadores, etc. Site: www.intel.com.

INTELIGÊNCIA ARTIFICIAL *(Artificial Intelligence)*

Área da computação que estuda o comportamento humano na tomada de decisões e tenta imitá-lo através da construção de sistemas e softwares especialistas, utilizando-se de linguagens como: Prolog, Lisp, etc.

INTELSAT

Empresa privada que fornece serviços de comunicações via satélite. Essa empresa foi originalmente criada por um consórcio governamental para fornecer serviços em nível internacional.

INTERACTIVE

(Interativo)

Sistema de computação que permite a interferência do usuário, através de linhas de comando ou diretamente na tela por intermédio do mouse ou teclado e até mesmo através de toques, por meio de uma tela sensível ao toque.

INTERACTIVE CABLE TELEVISION

(Televisão Interativa a Cabo)

Sistema que permite ao usuário esco-lher opções de programação, telecompras ou mesmo interagir com jogos e responder a perguntas.

INTERCHANGE

Intercambiar ou trocar alguma coisa.

INTERCONEXÃO DE REDES

Termo utilizado para designar a ligação, operação e comunicação entre diversas plataformas de redes diferentes.

INTERCONNECT

(Interconectar)

Interligar diversos dispositivos ou sistemas em uma rede de computadores.

INTERFACE

(Interfacear)

1. Meio pelo qual há uma interação do usuário com o sistema.

2. Dispositivo ou circuito que interliga duas ou mais unidades incompatíveis.

INTERNET

Rede global (mundial) de computadores que tem como padrão o protocolo TCP/IP.

INTERNET 2

Projeto de uma infraestrutura capaz

de aumentar a velocidade e o desenvolvimento de novas aplicações (segunda geração da Internet) que estão sendo desenvolvidos por Universidades, Institutos de Pesquisa e algumas empresas americanas. Existem dois Backbones principais nos Estados Unidos atualmente que são: Abilene (ordem de 10 Gbps) e vBns (ordem de 622 Mbps). Permite também o acesso de vários países através de convênios denominados de MoU (Memorandum of Understanding) memorandos de entendimento.

InterNIC

Site da Web responsável por informar ao público a respeito de registro de nomes de domínio.

Interoperabilidade

Processos pelos quais diferentes sistemas trocam dados e informações.

Interrupt

(Interrupção)

Termo utilizado para designar a parada de um sistema que está rodando ou utilizado para indicar que a CPU recebeu um sinal de que a CPU deve interromper a tarefa atual e passar a executar outra tarefa de maior prioridade.

Intersection

Corresponde a função lógica And. Ver And Function.

Intranet

Termo usado para designar uma rede privada de uma determinada empresa. Essa rede utiliza à mesma família de protocolos da Internet que é o TCP/IP. A intranet pode estar conectada a Internet ou não. Uma vez esta conectada a internet há a necessidade de dispositivos como um firewall para bloquear o acesso à mesma. A interconexão de mais de uma intranet recebe a denominação de Extranet. Ver Extranet.

Intruder

Tentativa de invasão de um sistema computacional por intermédio de pessoas não autorizadas (intrusos). Ver Hacker, Cracker.

Invitation

(Convite)

Termo utilizado para designar que, por exemplo, um processador faz uma requisição a um dispositivo para enviar dados.

I/O (Input/Output)

Canais de entrada/saída em um sistema computacional que é utilizado para receber (input) dado ou utlizado para enviar (output) dado. Ver Input, Output.

IP

(Internet Protocol)

Protocolo da família TCP/IP que opera na camada de rede. O IP tem como objetivo rotear mensagens para seu destino.

IPHONE

É um equipamento denominado de smartphone que possui uma tela sensível ao toque desenvolvido pela empresa americana Apple Inc. que possui todas as funcionalidades de um iPod, tais como: m, mensagens de texto, internet, comunicação visual, etc.

IPL

(Initial Program Loader)

Termo utilizado para designar o processo de inicialização de um sistema. Ver Boot.

IPOD

É um equipamento de comunicação tipo celular que oferece uma interface simples para o usuário, por intermédio de uma roda clicável para acesso as diversas funções. Esse produto foi desenvolvido pela empresa americana Aple Inc.

IRQ's

Significa interrupções causadas por algum evento. As interrupções geram sinais para a CPU que a interrompe e ela desvia a execução para uma determinada rotina que deve ser executada. Em seguida retorna para o processamento normal.

ISAM

(Indexed Sequential Access Method)

Método que determina como o computador acessa registros e arquivos em um disco rígido. Este método permite o acesso a registros específicos através de um índice.

ISDN

(Integrated Service Digital Network)

Em português significa RDSI (Rede Digital de Serviços Integrados). Corresponde a linhas telefônicas que permitem o tráfego de dados e voz ao mesmo tempo.

ISO

(International Standards Organization)

ISO é uma organização não governamental responsável por conciliar e padronizar uma série de produtos. Sua atuação envolve vários paises.

ISP

(Internet Service Provider)

Designa o fornecedor de acesso a Internet. Exemplos: UOL, AOL, IG, etc.

IT

(Information Technology)

Tecnologia da informação (TI). Corresponde a tecnologia de informação corporativa.

ITALIC

(Itálico)

Tipo de letra que dá ênfase ou destaque em um texto.

ITERATION

(Iteração)

Processo que é repetido diversas vezes dependendo do loop especificado em um bloco de instruções. Os principais comandos utilizados para fazer iteração são: while, do while e for.

J2EE

(Java 2 Platform, Enterprise Edition)

Plataforma desenvolvida pela Sun Microsystems. Esta plataforma tem como finalidade atender às necessidades de grandes empresas conectadas em rede e que acessam a Internet. Esta plataforma de Java provê algumas facilidades dedicadas à camada lógica de negócio e para o acesso ao banco de dados. Através do EJB o desenvolvedor utiliza a infraestrutura do servidor de aplicação voltada para o desenvolvimento de aplicações de missão critica para a empresa e de aplicações empresarias diversas. Ver J2ME, J2SE.

J2ME

(Java 2 Platform, Micro Edition)

Plataforma desenvolvida pela Sun Microsystems que permite o desenvolvimento de software para sistemas e aplicações embarcadas. Corresponde a sistemas que rodam em dispositivos compactos tais como: PDA's, celulares, controles remotos, entre outros dispositivos de pequeno porte e que geralmente dispõe de pouca memória. Esta plataforma contém uma série de API's estabelecidas pela JCP (Java Community Process). Ver JCP, J2SE, J2EE.

J2SE

(Java 2 Platform, Standard Edition)

Plataforma desenvolvida pela Sun Microsystems que contém um conjunto de ferramentas que permite o desenvolvimento de aplicações escritas na linguagem de programação Java que tem como objetivo atender às necessidades de usuários de desktops. Ver J2ME, J2EE.

JACK

1. (tomada) Plugue utilizado para conectar um modem à linha telefônica.

2. Um conjunto de ferramentas denominado JACK desenvolvido pelo AOS (*agent oriented software group*) com o objetivo de desenvolver aplicações baseadas em agentes.

JAM

(Congestionamento, bloqueio)

Termo utilizado para indicar que houve uma falha no dispositivo. Por exemplo: em uma impressora o termo pode significar que houve um atolamento de papel.

JAR FILES

(Java Archive)

Formato de arquivo utilizado para armazenar classes escritas na linguagem Java que contêm aplicações ou applets. Um arquivo com o formato jar fornece alguns benefícios como: segurança, portabilidade, compressão, entre outros.

JAVA

Linguagem de programação totalmente orientada a objetos, desenvolvida pela empresa Americana (SUN). Atualmente é uma das linguagens mais utilizadas pelos desenvolvedores de software em todo o mundo. Essa linguagem é interpretada e os programas são submetidos em basicamente qualquer plataforma através de uma máquina virtual denominada de JVM (Java Virtual Machine). Ver JVM.

JAVABEANS

Corresponde a classes com um construtor default que expõe propriedades através de seus métodos get e set. As propriedades são acessadas e modificadas por métodos que seguem uma convenção particular para a atribuição de nomes. Se o nome da propriedade for nome e seu tipo for double, os métodos de acesso e de modificação devem estar da seguinte forma:

double getNome() { }

void setNome (boolean value) { }

JAVAC

Compilador da Linguagem Java que recebe como parâmetro um ou mais arquivos escrito em Java e converte-o em um arquivo formado por bytecodes com a terminação (.class), o qual pode ser ativado (executado) pela JVM da seguinte forma: java nomeDoArquivo.

JAVADOC

Utilitário que pode ser ativado por linha de código e recebe como parâmetro um arquivo com terminação (.java), com a finalidade de gerar um arquivo em formato html. O mesmo extrai do arquivo original as tags do tipo comentário apropriado para esse utilitário.

JAVASCRIPT

Linguagem de programação de scripts desenvolvida pela empresa Netscape no ano de 1995 que tem como finalidade atender a aplicações que rodam no navegador. Possui uma série de características, como permitir interação com páginas da web, possuir ferramentas para listagens, possuir suporte a expressões regulares, entre outras.

JBOSS

É uma aplicação implementada em Java que se baseia na plataforma J2EE. Essa é chamada de aplicação servidora que opera em qualquer sistema operacional, desde que esse permita a execução de aplicações java.

JBUILDER

Ambiente de desenvolvimento tecnológico de aplicações da linguagem Java, desenvolvido pela empresa Borland Site: www.borland.com.

JCL

(Job Control Language)

Linguagem de comandos utilizada em computadores de grande porte da IBM com a finalidade de controlar programas em lotes

JCP

(Java Community Process)

Entidade que tem a incumbência de formalizar a definição de futuras versões e tecnologias da plataforma Java por intermédio de um grupo de processos, onde várias entidades contribuem e direcionam as requisições de especificações Java. Ver JSR.

JDK

Interpretador e Compilador da Linguagem de Programação JAVA.

JITTER

(Instabilidade)

Este termo é usado em telecomunicações que corresponde a uma variação de sinal inesperada, tal como um intervalo em pulsos sucessivos, ciclos sucessivos de amplitude ou ciclos sucessivos de fase ou frequência.

JOIN FILES

(Juntar Arquivos)

União ou junção de dois ou mais arquivos formando um único arquivo que passa a conter todos os outros em um só.

JPEG

(Joint Photographic Experts Group)

É um método de compressão de um arquivo contendo imagens que têm alguma perda na qualidade. Este método especifica somente como uma imagem é transformada em um conjunto de bytes que são encapsulados para um determinado meio de armazenamento.

JPEG++

Este método é uma extensão ao formato JPEG, onde as áreas do plano de fundo (background) são comprimidas fortemente, enquanto o resto da imagem (foreground) é menos comprimido.

JSP

(Java Server Pages)

Processo pelo qual pode ser desenvolvido conteúdo dinâmico para a internet. Observar que é necessário que um servidor esteja integrado a um contêiner de JSP. Há vários contêineres disponíveis como esemplo o servidor Apache Tomcat. Ver Java, J2SE, J2ME, J2EE.

JSR

(Java Specification Requests)

São documentos formais que descrevem especificações e tecnologias propostas para serem adicionadas à plataforma java.

JUKEBOX

Dispositivo de armazenamento que possui grande poder de armazenar discos e fitas que permite o acesso ao dado requisitado, fazendo uma varredura para descobrir em que fita ou disco se encontra a informação desejada.

JUMP

(Saltar)

Termo utilizado como um comando de uma linguagem de programação, mais precisamente na linguagem assembler, que significa um salto condicional para executar uma outra instrução em outro ponto do programa.

JVM

(Java Virtual Machine)

JVM

É uma máquina virtual (conjunto de rotinas) desenvolvida pela Sun Microsystems que é utilizada para executar programas desenvolvidos na linguagem Java. Os programas em java são compostos de arquivos fonte com a terminação (.java) e que após serem submetidos ao compilador (javac) são criados arquivos contento bytecodes que tem a terminação (.class). Em seguida para executar o programa deve-se chamar a JVM que se denomina java e passar como parâmetro os arquivos com terminação (.class). Exemplo: java MeuProg.

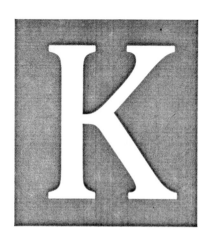

Karnaugh Map

(Mapa de Karnaugh)

É uma ferramenta utilizada para facilitar o gerenciamento de expressões da álgebra booleana. Conhecido também como diagrama de Veitch. Os diagramas são uma forma de representar a tabela verdade de maneira a tornar visíveis as possibilidades de otimização.

Kb / Kbit

Unidade de medida de capacidade que corresponde a 1.024 bits.

Kbps

(Kilobits Por Segundo)

Taxa de transmissão de informação que corresponde a 1024 bits por segundo.

Kermit

Corresponde a um protocolo utilizado para a transferência de arquivos, bem como possui um conjunto de ferramentas de software que permite a emulação de terminais. Os arquivos transferidos podem ser de textos ou no formato binário.

Kernel

(Núcleo)

É a parte do sistema operacional que está mais próxima do hardware. Corresponde ao núcleo do sistema que possui um conjunto de programas que atende aos pedidos das aplicações do usuário, como impressão e entrada/saída de dados. O kernel pode ser monolíitico (módulo único) ou modular onde os vários módulos são carregados dinamicamente à medida que são requisitados.

Key

1. Corresponde a cada uma das teclas de um teclado.

2. Significa também chave de acesso em um banco de dados.

3. Em criptografia significa a chave usada para encriptar um arquivo.

Keyboard

(Teclado)

Ver teclado.

Keylogger

Software que grava cada carácter digitado pelo usuário.

Keypad

Significa um conjunto de teclas que são dispostas em um bloco. Estas teclas podem conter alguns símbolos e números. Por exemplo: a parte do teclado a direita do mesmo possui as teclas de números e outros símbolos especiais são dito um keypad.

Keyword

1. Palavra chave. Designa a parte de um artigo científico que contém as palavras que mais destacam o assunto de que trata o artigo.

2. Em linguagem de programação correspondem as palavras reservadas da linguagem. Exemplo: if/else, while, for, etc.

kHz

(Kilo Hertz)

Significa a unidade de medida de frequência que equivale a 1000 Hertz.

Kill

Termo utilizado na informática que designa a eliminação de sistema que está rodando (diz-se matar o processo), bem como pode ser dito a eliminação ou remoção de um arquivo.

Kilobyte (KB)

Unidade de medida de capacidade que equivale a 1024 bytes. Corresponde a $\equiv 2^{10} \equiv 10^3$.

Knowledge

(Conhecimento)

Termo utilizado para designar o conhecimento prévio de alguma coisa. Por exemplo: na inteligência artificial pode-se dizer que um sistema é baseado em conhecimento ou que um sistema trabalha baseado na aquisição de conhecimento. Este trabalha e aprende a medida que é submetido ao computador.

KVA

(Kilo Volt-Ampere)

Equivale a 1000 volt-ampere. Designa a saída de um transformador que libera uma taxa de voltagem e frequência sem exceder o limite de temperatura.

KVM

(K Virtual Machine)

Corresponde a uma implementação da Sun Microsystems Inc. da versão Java 2 Micro Edition para a plataforma de computação para palmtops.

LABEL

(Rótulo)

1. Etiqueta posta em um componente.

2. Denominação de um campo de dados em um formulário eletrônico.

LABORATORIO

(Laboratory)

Local físico composto de equipamentos utilizado por professores, alunos e pesquisadores com a finalidade de desenvolver e estudar vários produtos das diversas áreas da ciência.

LAN

(Local Area Network)

Conjunto de computadores interligados que forma uma rede local de computadores, cuja abrangência pode ser de uma sala ou um prédio. Existem basicamente três topologias para as redes locais, que são: Estrela, Barra e Anel.

LINGUAGEM DE PROGRAMAÇÃO

(Programming Language)

É um conjunto de regras e instruções para a codificação de programas de computadores. Exemplos: Java, C, C++, JavaScript, Ada, C#, Pascal, ASP, Lisp, Fortran, Cobol, etc.

LAPB

Protocolo da camada de enlace utilizado pelo padrão X.25. Esse é um componente do protocolo HDLC (*High Level Data Link Control*)

Laptop

(Computador tipo pasta)

Corresponde a um equipamento portátil de pequenas dimensões que é leve e composto dos diversos periféricos tais como: HD, unidade de CD/DVD, trackball, teclado acoplado, etc. Os Laptops possuem baterias de longa duração que são capazes de manter o laptop em funcionamento por um tempo em torno de cinco horas ou mais.

Largura de Banda

(Bandwidth)

Corresponde a taxa máxima de transmissão (velocidade) de dados através de uma rede de computadores. Pode ser: Narrowband (banda estreita) que atinge velocidade máxima em torno de 64 Kbps ou Wideband (banda larga) que tem taxa de transmissão acima de 64 Kbps. As tecnologias mais conhecidas de banda larga são: ADSL (pertence às operadoras de telefonia) e Cable Modem (pertencem as operadoras de TV a cabo).

Laser

(Light Amplification by Simulated Emission of Radiation)

É um dispositivo que possui uma fonte ótica que emite raios e fótons.

LaserJet

Impressora a laser produzida pela empresa multinacional Hewlet Packard.

LaserWriter

Impressora a laser produzida pela empresa Apple.

Late Binding

(Ligação Tardia)

Corresponde a uma etapa realizada em tempo de execução, onde o programa sendo executado precisa descobrir a identificação de uma classe e seus métodos, ao contrário do Early Binding, que realiza isso em tempo de compilação.

Latência

(Latency)

Termo utilizado para designar a medida do tempo decorrido entre o início de uma atividade e a sua conclusão.

Launch

Ativar ou executar um programa.

Layout

Planejamento de uma interface com o objetivo de distribuir fisicamente os diversos componentes como: gráficos, textos e figuras em um determinado espaço.

LCD

(Liquid Crystal Display)

Um tipo de tela que consiste de moléculas de cristal líquido suspensas entre dois eletrodos transparentes. Esse tipo de tela está ficando cada vez mais acessível aos consumidores devido a sua grande disseminação e redução de preços.

LCP

(Link Control Protocol)

Este protocolo compõe uma parte do protocolo PPP. Ver PPP.

LED

(Light Emitting Diode)

É um diodo que ao ser energizado emite luz. Ver diodo.

LEGADO

Termo que designa toda uma infraestrutura existente de hardware ou software que deve ser levado em conta quando da atualização de sistemas em uma empresa.

LEITORA DE CÓDIGO DE BARRAS

Equipamento de entrada de dados que tem como função converter um padrão de barras impressas em produtos em um código interno que identifica os produtos.

LEITORA DE CRACHÁS

(Badge Reader)

Máquina capaz de ler as informações em um crachá de identificação. Esta pode, por exemplo: abrir uma porta, dando acesso a um ambiente como o caso de um laboratório de computação.

LENGTH

Comprimento, tamanho.

LEXICAL ANALYSIS

(Análise lexica)

Processo realizado pelo compilador que compreende a fase número 1 que checa todos os termos existentes em um programa para verificar se esses termos pertencem a linguagem de programação. Caso contrário é dito que existe um erro léxico no programa.

LIFO

(Last In First Out)

Estrutura de dados que simula uma pilha de elementos, onde o último elemento a entrar é o primeiro a sair.

Ligação em Cascata

(Daisy Chain)

Corresponde a conexão de mais de um periférico em cascata, de forma agrupada, em vez de cada um ter um cabeamento separado.

LightScribe

Tecnologia de gravação de DVDs que faz com que os drives operem como gravadores de DVD convencionais.

Linguagem de Baixo Nível

Linguagem comparável à linguagem de máquina (*assembly*). Muito utilizada para desenvolver rotinas específicas para acessar componentes do Hardware.

Linguagem de Alto Nível

Linguagem destinada ao desenvolvimento de aplicações com finalidades de atender as necessidades dos diversos usuários. Ex. Java, C++, C#, C, etc.

Linguagem Natural

Ver *Natural Language*.

Link

(Ligação)

Vínculo que liga um programa a outro.

Link-edição

Processo realizado durante a compilação de um sistema que tem como finalidade fazer a junção e ajuste de endereços de memória, além de permitir que determinadas bibliotecas sejam adicionadas (linkeditadas) ao programa executável, para que seja possível seu funcionamento.

Linux

Sistema operacional multiusuário e multitarefa derivado do UNIX com a finalidade de ser utilizado em equipamentos do tipo PC. Esse sistema possui várias distribuições, como Red Rat, SuSE, etc. Tal sistema é distribuído gratuitamente e ultimamente tem avançado em diversos nichos da informática, como é o caso de servidores de redes em empresas privadas e principalmente em empresas e instituições governamentais.

LCD

(Liquid Crystal Display)

Dispositivo monitor de vídeo de cristal líquido.

LISP

(LISt Processing – Processamento de Lista)

LLC

Linguagem de programação cuja especificação foi feita em 1958 que teve como objetivo principal atender às necessidades da área de Inteligência Artificial.

LLC

(Logical Link Control)

É uma subdivisão da camada de enlace de dados (camada 2) do modelo ISO/OSI. Essa subcamada foi uma adaptação feita ao modelo de referência OSI para aplicação no contexto de redes locais. Tal adaptação é resultado da subdivisão do nível de enlace de dados em dois subníveis chamados de controle de enlace lógico (LLC) e controle de acesso ao meio (MAC).

LOAD

(Carga)

Transferir um programa de um dispositivo para a memória do computador.

LOADER

(Carregador)

Programa que efetua a carga de um dispositivo para a memória do computador e faz o ajuste de endereço lógico para o endereço físico.

LOCALTALK

Rede local da Apple.

LOCK

(Bloquear, trancar)

Termo utilizado para designar o travamento ou impedimento físico ou lógico para se acessar um recurso.

LOG

(Arquivo de transações)

Registro das operações de processamento de um computador com a finalidade de posteriormente poderem ser pesquisados para detectar defeitos e possíveis intrusos.

LÓGICA

(Lógic)

Ramo da ciência que estuda o raciocínio do ser humano. Parte da programação independente da linguagem de programação, que segue um raciocínio previamente estudado e elaborado com a finalidade de realizar uma tarefa.

LOGIN

Entrada no sistema. Processo de entrada em um sistema, em que se deve digitar o nome do usuário e sua senha.

LOGO

Linguagem de programação com finalidades educacionais.

LOGOFF

Sair da sessão de um sistema computacional.

LOGON

Entrada no sistema. Ver *Login*.

LOGOUT

Saída do sistema.

LONG

(Longo)

Variável de valor inteiro que geralmente possui 64 bits de precisão. Ver Integer.

LOOP

Repetição de um conjunto de instruções em um programa de computador. Pode ser determinado (tem um fim previsível) ou infinito (nunca para).

LOOPBACK

Canal de comunicação no qual se podem realizar testes com a finalidade de verificar se o está funcionando. No teste realizado, é enviado um sinal na linha e aguardado seu retorno após passar por um dispositivo ou um canal de comunicação.

LOTUS

Empresa de software detentora da planilha eletrônica Lótus 1-2-3.

LOWER CASE

Letra minúscula

LPTx

Portas paralelas (LPT1, LPT2 e LPT3) que podem ser utilizadas para conectar impressoras ou interligar dois computadores.

LSI

(Large Scale Integration - Integração em larga escala)

Ver VLSI.

Macintosh

Mais conhecidos como Mac, são os computadores produzidos pela empresa Aple Computer. Esses computadores trabalhma muito bem com as seguintes áreas: imagem, som e vídeo.

Macro

Corresponde a um conjunto de instruções que forma uma rotina e é identificado por um nome ou rótulo.

Macromedia

Empresa americana especializada em desenvolver softwares que auxiliam o processo de criação de páginas da Web. Muito recentemente foi adquirida pela empresa Adobe System, que desenvolveu o Photoshop.

Magazine

(Revista)

Existem diversas revistas da área técnica que publicam assuntos ligados à computação e informática, tais como: Revista Info, Mundo Java, PC Magazine, Computer World, entre outras.

Mag Tape

(Fita magnética)

É uma mídia de armazenamento não volátil que é composta de uma fita plástica coberta de material magnetizável. Esse meio de armazenamento de grande capacidade foi intensamente utilizado nos primórdios da computação, e ainda é utilizado atualmente.

MAIL

(Correio)

Ver E-mail.

MAIN

(Principal)

Em Java, main é o método existente em uma classe que inicia uma aplicação local.

MAINBOARD/MOTHEBOARD

Placa principal do Computador (Placa mãe), que possui o processador principal (microprocessador) e um barramento com slots que permite a inclusão de outras placas como de vídeo, rede, fax modem, etc.

MAINFRAME

(Computador de grande porte)

Equipamento de grande porte que é utilizado para processamento de grande massa de dados. Esse tipo de equipamento vem paulatinamente sendo substituído por um conjunto de estações conectadas em rede, uma vez que as estações conectadas em rede têm um custo menor e um alto poder de processamento.

MALE CONNECTOR

(Conector macho)

Tipo de conector que só encaixa em um conector do tipo fêmea.

MAN

(Metropolitan Area Network)

Rede de distância intermediária entre a rede local - LAN (curta distância) e a rede de longa distância (WAN). Geralmente utilizadas em grandes cidades com a finalidade de formar um anel de alta velocidade, em os usuários pode se conectar a este backbone.

MANAGEMENT

(Gerência)

Departamento dentro de uma empresa responsável pelo processamento de dados.

MANIFEST FILE

Arquivo que contém código de um JavaBean. Ver JavaBeans.

MANUTENIBILIDADE

É o mecanismo utilizado para se fazer alteração ou modificações em um sistema, buscando fazer melhorias, atualizações e possíveis correções de erros. A manutenção de um sistema é uma etapa que muitas vezes é mais dispendiosa do que o próprio desenvolvimento do sistema.

Máquina Analítica

(Analytical Engine)

Máquina de calcular mecânica criada por Charles Babbage em 1883, considerada a primeira máquina de computação digital.

Master/Slave

(Mestre/Escravo)

É um modelo utilizado em redes de computadores em que o protocolo de comunicação trabalha de forma em que o master (mestre) controla a comunicação de um ou mais slaves (escravos).

MBPS

(Mega Bits Per Second)

Taxa de transferência de informação da ordem de um milhão de bits por segundo.

MCA

(Micro Channel Architecture)

Arquitetura de barramento utilizada nos equipamentos IBM PS/2 e RS/6000 em substituição ao barramento ISA/AT.

MD

(Makedir)

Comando do sistema operacional MS-DOS utilizado para criar um diretório.

Megabyte (MB)

Unidade de medida de capacidade que equivale a 1024 *Kilobytes*. Corresponde a $\equiv 2^{20} \equiv 10^6$.

Megahertz

Medida de frequência da ordem de um milhão de ciclos por segundo.

Membrane Keyboard

Teclado de membrana.

Memory

(Memória)

Ver RAM.

Menu

(Lista de opções)

Barra de opções utilizada em aplicações gráficas.

Merge

(Intercalar, reunir)

Transformar várias unidades em uma única. Exemplo: fazer um merge de dois arquivos.

Mesa Digitalizadora

(Digitizing Pad Tablet)

Dispositivo periférico responsável pela entrada de informações gráficas que tem o formato de uma mesa retangular. Esse equipamento é muito utilizado em projetos de engenharia e arquitetura.

MESSAGE

(Mensagem)

Informação sobre determinado assunto que pode ser armazenada ou enviada eletronicamente.

MESSENGER

Software desenvolvido pela Microsoft que tem como finalidade permitir a comunicação instantânea pela internet entre usuários. Ver ICQ.

METACOMPILATION *(Metacompilação)*

Processo de compilação de um sistema denominado compilador. Irá compilar outros programas.

MÉTODO

Em programação orientada a objetos corresponde a funções que realizam alguma tarefa.

MÉTODO CONSTRUTOR

Em programação orientada a objetos corresponde a uma operação que tem como objetivo principal instanciar um objeto, ou seja, inicializar atributos de uma classe que sendo instanciada. Os métodos construtores de uma classe podem ser sobrecarregados, diferenciando no tipo de objeto passado, bem como, em sua operação ou funcionalidade. Se nenhum método construtor for explicitado, o Java constrói um método vazio para essa classe.

MÉTODO DE ACESSO

(Access Method)

Meio utilizado para efetuar a transferência de dados internos entre a memória do computador e os periféricos.

MEMÓRIA

(Memory)

Chips utilizados para armazenar dados para serem processados pela CPU. Existem alguns tipos de memória, a saber: memória RAM (memória principal do computador), memória ROM (memória apenas de leitura que contém setup e o boot do sistema), memória cachê (ver memória cache), memória de massa (disco rígido e CD's), entre outros tipos.

MEMÓRIA CACHE

Memória de tecnologia avançada utilizada diretamente pelo processador para agilizar o processamento. Possui uma tecnologia semelhante ou muito próxima da tecnologia do microprocessador.

MFLOPS

(Mega Floating Point Instructions Per Second)

Taxa de velocidade que um sistema pode processar, ou seja, milhões de instruções de ponto flutuante por segundo.

MHS

(*Message Handiling System*)

Padrão de protocolos de correio eletrônico conforme as recomendações X400.

MHz

(Megahertz)

Ver Megahertz.

MICRO

(Microcomputador)

Equipamento de pequeno porte composto de gabinete, monitor, teclado e mouse, entre outros periféricos.

MÍCRON

(Micron)

Milésima parte de um milímetro.

MICROPROCESSADOR

É o cérebro do computador (chip, circuito). Exemplos: Intel – Pentium, AMD – Athlon, Motorola – 68060.

MICROSOFT

Empresa americana fundada por Bill Gates responsável pelo desenvolvimento do sistema operacional Windows e outra dezena de softwares. Site: www.microsoft.com.

MIDDLEWARE

Software que serve de ponte entre dois programas diferentes (duas plataformas diferentes).

MIGRATION

(Migração)

Processo de mudança de uma plataforma mais antiga para uma plataforma mais atualizada.

MIMD

(Multiple Instruction Multiple Data)

Termo concernente a uma arquitetura paralela em que muitas unidades funcionais realizam diferentes operações sobre diferentes dados. Um exemplo desse tipo de arquitetura é uma rede de estações.

Mimo

(Multiple-Input Multiple-Output)

Corresponde a um modelo matemático para sistemas de comunicações de múltiplas antenas. Esse modelo tem sido muito usado na área de comunicações sem fio.

Minicomputador

Computador de médio porte com tecnologia mais avançada que um micro.

Mips

(Million Instruction Per Second)

Milhões de instruções por segundo. Corresponde a taxa de velocidade que trabalha o processador.

Mirror

(Espelho)

Cópia idêntica de um disco para outro.

MISD

(Multiple Instruction Single Data)

Arquitetura que designa um computador paralelo composto de uma única Unidade Aritmética e Lógica (ALU) e um barramento de dados com um número de unidades de controle.

MMU

(Memory Management Unit)

Unidade de gerenciamento de memória que é responsável por mapear endereços lógicos em endereços físicos. Essa trabalha diretamente com a CPU, à qual é normalmente acoplada.

Minemonico

(Minemônic)

Comandos de uma Linguagem de Montagem, que o processador entende após ter sido codificada no sistema binário.

Mobile

(Móvel)

Área das telecomunicações e redes de computadores que tem como função a transmissão de dados, voz e vídeo através de meio de comunicação que é o ar, ou seja, sem nenhum tipo de cabeamento. Exemplo: celular, satélite, ondas de rádio, infravermelho, etc.

Mobile Network

(Rede móvel)

Tecnologia utilizada em equipamentos portáteis de pequeno porte que podem se locomover e acessar a Internet. Exemplos de equipamentos que podem usar essa tecnologia: PDA's, Palmtops,

Notebooks, Handheld's, Celulares, etc. O principal padrão das redes móveis é o IEEE 802.11 ou também chamado Wi-Fi.

MODELO RELACIONAL

É um tipo de Banco de Dados, em que existe um conjunto de tabelas representando dados e relacionamentos entre esses dados.

MODEM

Dispositivo de rede responsável pela comunicação entre dois equipamentos, geralmente a longa distância. Tem o papel de modular/demodular informação, ou seja, (converter a informação analógica em digital e vice-versa).

MODULA-2

Linguagem de programação muito semelhante ao pascal.

MÓDULO

(Module)

Rotina de um sistema que realiza uma determinada tarefa, que muitas vezes pode funcionar independentemente.

MONITOR

É um equipamento de entrada/saída onde o usuário interage com o computador. Pode ser basicamente de dois tipos: CRT (Tubos de raios catódicos) e LCD (Tela de cristal líquido).

MONTE CARLO METHOD

(Método de Monte Carlo)

Técnica de análise estatística.

MORSE CODE

(Código morse)

Código desenvolvido por Samuel Morse e Alfred Vail no ano de 1835 que representa números, letras e sinais de pontuação por intermédio de um sinal codificado.

MOSAIC

Um browser (navegador) precursor da Web. Suporta os seguintes protocolos: gopher, Anonymous FTP, e NNTP (Usenet News), entre outros.

MOTHERBOARD

(Placa mãe)

Placa principal de um sistema computacional que possui o microprocessador (CPU) e alguns outros chips e slots que permitem a conexão de uma série de outras placas, como de vídeo, de rede, etc.

Motorola

Empresa americana que fabrica componentes eletrônicos. Muito conhecida pela produção da família de processadores MC 68000.

Mouse

Dispositivo de entrada com 2 ou 3 botões para selecionar opções de ícones, itens de menu e mesmo desenhar no computador. Foi inventado no parque da Xerox e disseminado por vários fabricantes de micros.

MP3

Formato de arquivo que tem como função comprimir dados de áudio com uma perda imperceptível ao ouvido humano. Hoje há vários de equipamentos que consegue reproduzir arquivos deste tipo com uma excelente qualidade.

Mozila FireFox

Ver FireFox.

MPEG

(Motion Picture Experts Group)

É um método de compressão de vídeo em movimento. Esse método faz a comparação de dois quadros e armazena apenas as diferenças entre os mesmos.

Msconfig

Utilitário que acompanha o sistema operacional Windows XP que permite fazer ajustes no sistema, e no processo de inicialização do mesmo.

MSDOS

Versão do sistema operacional DOS desenvolvido pela Microsoft. Ver DOS.

MTBF

(Mean Time Between Failures)

Tempo médio de funcionamento de um dispositivo antes de uma falha. Esse mecanismo é utilizado para testar equipamentos e determina em média o tempo de vida útil desse equipamento.

Multimídia

Combinação de vídeo, texto, som e imagem.

Multiusuário

Sistema que permite o acesso e uso de um computador por vários usuários ao mesmo tempo.

Multitarefa

Sistema de computador que executa várias tarefas ao mesmo tempo. Por exemplo: pode-se acessar uma planilha, um processador de texto, um banco de dados, tudo isso ao mesmo tempo. O Sistema Operacional permite todos esses sistemas ficarem abertos e o gerenciamento desses, conforme o comando do usuário.

Multiprocessamento

Ato ou efeito de processar várias tarefas (programas) efetivamente ao mesmo tempo por intermédio de várias CPUs. O multiprocessamento pode ser basicamente de dois tipos: fortemente acoplado (múltiplas CPUs em um mesmo equipamento) ou fracamente acoplado (o processamento é distribuído pela rede).

Mux/Demux

(Multiplexador/Demultiplexador)

Dispositivo ou circuito que codifica as informações de duas ou mais fontes de dados em um número menor de canais. Eles são utilizados para economizar o custo de se ter cada fonte de dados um canal para transmitir dados. O inconveniente é que há uma queda na taxa de transmissão se todas as fontes de dados estiverem transmitindo ao mesmo tempo. O demux faz o trabalho inverso, ou seja, decodifica as informações e as distribui para os respectivos destinos.

MySQL

É um sistema gerenciador de banco de dados que utiliza a linguagem SQL para manipular os dados. São as seguintes as principais linguagens que trabalham muito bem com o Mysql: PHP, Perl, Python, Ruby e Java / JDBC. Ver o site: www.mysql.org.

NAK

(Negative Acknowledgement)

Falha que aconteceu em algum processo e, portanto, há um reconhecimento negativo.

NAND

(NAND function – função NAND)

É uma função lógica derivada da função AND que possui um inversor (NOT) após o circuito AND.

NANOSSEGUNDO

(Nanosecond)

Corresponde a um bilionésimo de segundo.

NARROWBAND

(Faixa estreita)

Corresponde a um sinal que ocupa apenas uma pequena quantidade de espaço em um canal de voz. Ver Banda Base, Wideband.

NATIVE LANGUAGE

(Linguagem nativa)

Normalmente significa um programa desenvolvido na linguagem de máquina do próprio equipamento, onde o mesmo será executado.

NATURAL LANGUAGE

(Linguagem natural)

Linguagem que nós seres humanos

utilizamos para nos comunicarmos. A inteligência artificial é uma das áreas da computação que tenta se aproximar dessa linguagem para desenvolver seus sistemas.

NDIS

(Network Driver Interface Specification)

NDIS é a especificação da interface de um drive de rede. Seu principal propósito é definir uma API para uma placa de rede.

Negrito

(Bold Face)

Forma de caracter tipográfico, onde o mesmo é mais grosso e mais escuro.

Nero

Software de computador desenvolvido pela empresa Ahead Software AG para gravar CDs e DVDs.

Netbeans

Ambiente de desenvolvimento da linguagem de programação Java. Esse ambiente pertence à Netbeans.org. Site: www.netbeans.org.

Netbios

(Network Basic Input/Output System)

É uma interface de rede orientada à conexão, mas que opcionalmente pode operar também com datagramas (sem conexão). Essa possui também uma API para programação com o protocolo NetBEUI que opera na camada de sessão do modelo ISO/OSI.

Network

(Rede de computadores)

Sistema composto de diversos computadores interligados por um meio de comunicação. O meio de comunicação pode ser por intermédio de cabos (wired) ou sem fio (wireless). Os computadores são interligados conforme uma topologia escolhida ou um misto destas. Exemplos de topologias: ponto a ponto, estrela, barra ou anel.

Neurônio Artificial

(Artificial Neurons)

Corresponde a emulações de neurônios biológicos. Os neurônios executam um código muito simples e repassam informações uns com os outros.

Newsletter

(Informativo)

Informativo de uma empresa composto de: notícias, informes, entrevistas, painéis, etc. distribuído para um determinado público alvo com a finalidade de informar sobre determinados assuntos. Geralmente um newletter é semanal.

NIC

(Network Interface Card)

Placa de rede de computadores que deve ser instalada em cada um dos computadores com o objetivo de operarem em uma rede local.

NÓ

(Node)

Ponto estratégico de uma rede de computadores responsável por interconectar outros pontos. Possui um ou mais equipamentos de rede tais como: roteadores (routers), comutadores (switchs), etc.

NOKIA

Empresa que atua no ramo de telecomunicações fixas e móveis, além de outros produtos e soluções. Ver o site www.nokia.com.

NONABYTE (NB)

Unidade de medida de capacidade que equivale a 1024 yottabytes. Corresponde a $\equiv 2^{90} \equiv 10^{27}$.

NOR

(Função NOR)

É uma função lógica derivada da função OR que possui um inversor (NO) após o circuito OR.

NORMALIZAÇÃO

(Normalization)

Termo utilizado com o objetivo de tornar os dados consistentes e com maior eficiência no acesso, eliminando também a redundância dos dados. Esse processo é realizado em etapas que se seguem em uma base de dados relacional. Normalização é decompor uma relação em outras relações menores sem perda de dados.

NORTEL NETWORKS

Empresa que oferece uma série de produtos e serviços das diversas áreas da computação. Ver o site www.nortel.com.

NOS

(Network Operating System)

Sistema operacional de rede que tem como finalidade gerenciar recursos de uma rede de computadores, como: acesso a Internet, compartilhamento de impressoras, compartilhamento de arquivos, gerenciamento de banco de dados, controle de usuários, etc.

NOT

(Negação)

É uma função lógica que inverte o nível de um sinal (0 para 1 ou 1 para 0).

NOTAÇÃO BINÁRIA

(Binary Notation)

Ver Binário.

NOTEBOOK

(Computaedor tipo pasta)

Ver *Laptop*.

NOTEPAD

(Bloco de anotações)

Editor de textos da Microsoft que grava os arquivos com extensão (.txt).

NOVELL

Empresa americana da área de rede de computadores que desenvolveu o sistema operacional de redes chamado NetWare.

NTSC

(National Television Standards Committee)

É um sistema de televisão analógico em uso atualmente nos Estados Unidos e em muitos outros países do mundo.

NULL

(Nulo)

Instrução ou character nulo que tem a função de apenas preencher um parâmetro ou inicialização de uma variável. Não tem qualquer significado lógico.

NUM LOCK KEY

(Tecla NumLock)

Tecla na parte direita do teclado que tem a incumbência de selecionar entre a parte numérica ou a parte de funções quando pressionada.

N-TIER

Termo utilizado para denominar que um sistema trabalha em N-Camadas. Cada camada passa informações para a camada subsequente e assim sucessivamente. Exemplo de camadas do modelo ISO/OSI: camada física, camada de enlace de dados, cada de rede, etc.

Objeto

(Object)

São entidades abstratas de uma linguagem orientada a objetos que representa entidades do mundo real. Diz-se que um objeto é uma instância de uma classe.

OCR

(Optical Character Recognition)

Reconhecimento de caracteres a partir de um texto submetido a um scanner. As imagens dos caracteres são capturadas e posteriormente são passados por um processo de reconhecimento que pode ser gravado em um arquivo em formato ASCII ou Unicode.

Octal

(Octal)

Sistema de numeração composto de oito algarismos diferentes, a saber: 0, 1, 2, 3, 4, 5, 6 e 7. Ver Binário e Hexadecimal.

Octeto

(Octet)

Termo utilizado que equivale a um conjunto de oito bits para a formação de uma unidade básica (palavra).

ODBC

(Open Database Connectivity)

Método de acesso padrão desenvolvido pelo grupo (SQL Access) no ano de

1992. O principal objetivo do ODBC é tornar possível o acesso aos dados por intermédio de aplicações desenvolvidas em várias linguagens de programação. Este método possui uma camada chamada database driver que permite fazer a interface entre a aplicação e o banco de dados.

ODD PARITY

(Paridade ímpar)

Processo de verificação de erro de transmissão onde o número de bits uns (1's) transmitidos tem que ser ímpar quando chegar no destino. Caso a quantidade de bits uns (1's) seja par, significa que ocorreu um erro de transmissão.

OFFICE AUTOMATION

(Automação de escritório)

Escritório que utiliza equipamentos e dispositivos computacionais, além de softwares com o objetivo de automatizar determinadas tarefas do escritório.

OFF-LINE

(Desconectado)

Computador ou dispositivo que se encontra temporariamente desconectado de um sistema ou de uma rede de computadores. Ver on-line.

OFF-THE-SHELF

Produtos prontos para serem comercializados que se encontram na prateleira.

OHM

Termo utilizado como unidade de medida de resistência elétrica.

OLE

(Object Linking and Embedding)

Tecnologia da Microsoft que permite aos aplicativos criarem e editarem documentos compostos. Estes documentos têm um formato específico e podem trazer documentos de outros formatos. Ver embutido.

OMNIDIRETIONAL

(Onidirecional)

Equipamento que tem a capacidade de detectar sinais em todas as direções. Exemplos: Antenas de telecomunicações, visão computacional, etc.

ON-BOARD

(Anexado, integrado, embutido)

Componente eletrônico que está embutido diretamente na placa mãe (motherboard) de um computador.

Onda

(Wave)

Sinal que se propaga no meio, aumentando e diminuindo periodicamente.

Online

(Conectado)

Computador ou dispositivo que se encontra conectado a um sistema ou a rede de computadores e tem acesso imediato a este recurso. Ver offline

OOP (Object Oriented Programming)

Ver POO.

Open

(Aberto)

Termo utilizado para designar especificações e tecnologias de hardware ou software que podem ser utilizados para o desenvolvimento de produtos e serviços sem qualquer restrição.

Open File

(Abrir um arquivo)

Operação que deve ser realizada antes de acessar um arquivo (para ler ou gravar) por intermédio de uma aplicação.

OpenOffice

Conjunto de aplicações de código aberto distribuidos para diversos sistemas, inclusive o Windows, que possui basicamente um editor de texto, uma planilha eletrônica, software de apresentação de slides, editor de imagens, e banco de dados. Ver o site: www.openoffice.org.

Open source

Programas desenvolvidos, geralmente usando especificações abertas à comunidade.

Operação

(Operation)

Procedimento utilizado para realizar um cálculo matemático entre dois operandos que pode ser de vários tipos como: decimal, binário, hexadecimal, etc. As operações matemáticas podem ser: adição, subtração, multiplicação, resto de divisão, entre outras. Outros tipos de operações específicas de computação podem ser: concatenação, comparação, etc.

Operando

(Operand)

Componente de uma instrução ou de uma expressão que pode ser uma variável ou uma constante numérica ou literal.

OPERADOR

(Operator)

Sinal utilizado entre dois operandos com a finalidade de realizar uma operação. Exemplos de operadores: +(soma), *(multiplicação), /(divisão), new(instanciação de uma classe em Java), %(resto de uma divisão), etc.

ORKUT

Denomina-se uma rede social que tem como finalidade formar relacionamentos de amizade entre seus membros. Para se tornar um membro é necessário ser convidadco por um dos afiliados faça um convite.

OR FUNCTION

(Função OR)

Função lógica onde a saída é verdadeira se apenas uma das entradas for verdadeira e falsa caso contrário.

ORACLE

Empresa detentora de um dos bancos de dados mais disseminados em todo o mundo. O banco de dados detém o mesmo nome da empresa. Esse BD foi primeiramente desenvolvido para ambientes de mainframes e posteriormente migrou para os computadores de pequeno porte.

ORANGE BOOK

(Livro laranja)

Tipo de livro escrito pelo Departamento de Defesa dos Estados Unidos, ou escrito pela Philips ou outra empresa que normalmente tem a finalidade de estabelecer especificações e normas.

ÓRBITA

(Orbit)

Termo utilizado para designar a trajetória de planetas e satélites artificiais.

OS

(Operation System – Sistema Operacional)

Sistema de computador responsável pelo gerenciamento de todo o hardware do computador tais como: memória, arquivos, impressoras, discos, etc. Este sistema é carregado para a memória principal (RAM) quando da inicialização do mesmo. Esse processo chama-se boot do sistema e ocorre quando o computador é ligado. Exemplos de SO`s: Windows, Linux, Unix, OS/2, etc.

OS/2

(Operation System/2)

Sistema operacional desenvolvido pela IBM com o objetivo de funcionar em PCs. Esse sistema não teve muitos adeptos.

OSCILOSCÓPIO

(Oscilloscope)

Equipamento eletrônico que permite à observação em uma tela plana à diferença de potencial em função do tempo, ou em função de outra diferença de potencial. Esse equipamento é muito utilizado em sistemas de informática para fazer a análise de circuitos e placas.

OSF

(Open Software Fundaton)

Organização fundada em 1988 com o objetivo de criar padrões abertos para uma implementação do sistema operacional Unix. Empresas que fizeram parte desta organização: Apollo Computers, Groupe Bull, Digital Equipment Corporation, Hewlett-Packard, IBM, Nixdorf Computer, e Siemens AG.

OSI

(Open System Interconnection)

Arquitetura aberta desenvolvida para estabelecer um padrão para as redes de computadores que é composto das seguintes camadas: Física, Enlace de dados, Rede, Transporte, Sessão, Apresentação e Aplicação. Cada uma dessas camadas tem uma incumbência especificada por esse padrão.

ÓTICO

(Optic)

Ramo da ciência que utiliza o princípio da visão para desenvolver produtos artificiais para a computação. Exemplos: mouse ótico, visão computacional, disco ótico, fibra ótica, etc.

OTIMIZAÇÃO

(Optimization)

Processo utilizado com o objetivo de melhorar o desempenho dos diversos componentes de hardware e/ou software. Alguns dos componentes são: compiladores, placas de circuitos, Conexões de redes, discos, etc.

OUT

(Fora)

Termo utilizado principalmente para designar que um componente está fora, ou seja, o sistema está fora do ar, a conexão de rede está inativa, a transmissão de sinais está fora dos limites de frequência de um canal de voz, etc.

OUTPUT

(Saída)

Termo da computação utilizado para

designer a saída de dados de um componente para outro. Exemplo: saída de dados da CPU para um periférico, o monitor de vídeo exibe os dados de saída de uma aplicação, etc. Ver Input.

OUTSOURCING

(Terceirização)

Termo utilizado para designar a ação de uma empresa de concentrar e desenvolver produtos e serviços em seu principal ramo de atividade, deixando as atividades meio (atividades complementares) para serem produzidas por outras empresas (terceirização).

OUTLINE

Perfil, contorno, principais características de alguma coisa.

OVERFLOW

(Estouro)

Significa um erro que ocorreu em um programa de computador devido a uma falha no acesso a um endereço errado da memória ou a memória se tornou insuficiente para realizar uma operação que envolve muitos dígitos. Esse tipo de erro pode ser tratado como uma exceção pela aplicação ou ocorrer a ponto de travar o sistema.

OVERLAP

(Sobreposição)

Sobreposição de dados ou imagens. Exemplo: uma imagem cobre parte ou totalmente outra.

OVERLAY PROGRAMMING

É um método de programação que permite uma aplicação maior do que a quantidade de espaço de endereçamento virtual destinada para o usuário funcionar. Esse método põe no espaço de endereçamento apenas as instruções que deverão rodar no momento.

OVERLOAD

(Sobrecarregar)

Submeter um computador ou um dispositivo ou uma linha de transmissão a uma carga de tarefas maior do que o que esse pode suportar.

OVERRIDE

(Ignorar, sobrepor)

Termo utilizado para designar a substituição de um objeto por outro. Exemplo: Uma definição qualquer de um padrão foi substituída por outra.

OVERRUN

Termo utilizado em transmissão de dados que significa a falta de sincronização entre dois equipamentos, ou seja, uma opera mais rápido do que o outro.

Pacote

(Package)

São grupos de classes relacionadas e armazenadas em um mesmo local. Em java, existem vários pacotes com classes prontas que enriquecem a linguagem.

Palmtop

Computador de pequeno porte que cabe na palma da mão, utilizado para pequenas tarefas.

Patches

Processo de atualização de sistemas de software que corresponde à distribuição de trechos ou partes de um programa com a finalidade de permitir que um sistema seja atualizado quanto aos seus últimos desenvolvimentos.

Payload

1. Termo utilizado na telefonia que descreve uma porção de um frame ou de uma célula que é transportado em um tráfico de dados de um usuário. Significa a porção de dados sem o cabeçalho da mensagem.

2. Também é um termo usado no jargão de vírus de computador que é depositado por um cavalo de tróia.

PBX

(Private Branch Exchange)

1. Termo utilizado na telefonia que significa um canal físico privado de uma

rede telefônica.

2. Equipamento telefônico conectado a uma rede telefônica que permite várias linhas telefônicas conectadas a ele.

PC

(Personal Computer - Computador Pessoal)

Termo criado pela IBM em 1981 para denominar um computador pessoal. Esse computador contém um monitor de vídeo, um teclado, um mouse e um gabinete contendo placas de circuitos e acessórios como disco rígido, unidade de disquete, placa de rede, placa para conexão a Internet, unidade de CD, câmera de vídeo, etc.

PDA

(Personal Digital Assistant)

Equipamento de pequeno porte que possui algumas funcionalidades como: agenda pessoal, telefone, fax, pode possuir teclado, entre outras. Comunica-se sem a utilização de cabos (sem fio- wireless)

PDF

(Adobe's Portable Document Format)

Formato de arquivo de propriedade da empresa Americana Adobe. A extensão dos arquivos com este formato é (.pdf).

A empresa Adobe tem um pacote de softwares que manipulam com arquivos desse formato que são: PDF Writer (para transformação de um arquivo em outra forma para o formato PDF), PDF Reader (utilizado para reproduzir arquivos no formato PDF).

PEER-TO-PEER

Um tipo de rede de computadores muito simples, onde, estes computadores cada um pode ser ao mesmo tempo servidor e/ou cliente. Possuem uma ligação ponto a ponto e geralmente são redes de baixo custo.

PERL

(Practical Extraction and Report Language)

Uma linguagem de programação não estruturada que é geralmente utilizada para escrever pequenos programas para processamento de arquivos de texto que são rapidamente escritos. Essa linguagem de programação foi desenvolvida em 1986 por Larry Wall.

PETABYTE (PB)

Unidade de medida de capacidade que equivale a 1024 Terabytes. Corresponde a $\equiv 2^{50} \equiv 10^{15}$.

PHILIPS

Empresa que desenvolve e comercializa produtos eletroeletrônicos e tem unidades espalhadas em todo o mundo. Ver o site www.philips.com

PHOTOSHOP

Software desenvolvido pela empresa Adobe que tem como finalidade efetuar a geração e edição de imagens digitais.

PHP

É uma linguagem de programação utilizada para escrever páginas dinâmicas que são utilizados na web. Tags de PHP podem ser incluídas em páginas HTML e tem uma sintaxe similar a Perl e C.

PHYSICAL LAYER (Camada física)

Refere-se à camada número 1 do modelo de referência ISO/OSI. Essa camada é responsável pela transmissão da informação no meio físico que define as características elétricas, mecânicas e especificações funcionais.

PICOSSEGUNDO

(Picosecond)

Medida de tempo. Um segundo possui um trilhão de picossegundos (1.000.000.000.000).

PING

(Packet InterNet Groper)

Corresponde a um programa de teste que permite verificar se um determinado endereço responde a uma conexão. São enviados diversos pacotes para a conexão a ser testada e se o endereço testado responder significa que a conexão está ativa, e inativa caso contrário.

PIPELINE

Corresponde a uma técnica de hardware que permite que a CPU busque mais de uma instrução e armazene as mesmas dentro da dela, permitindo dessa forma um aumento da velocidade da própria CPU, uma vez que a próxima instrução já se encontra na CPU.

PIXEL

Corresponde ao menor espaço que ocupa em uma tela de um monitor de vídeo. As resoluções mais comuns dos principais monitores são da ordem de 640x480, 800x600 e 1024x768.

PIRATARIA DE SOFTWARE

Pirataria – Ato de usar ou comercializar um produto (*Software*) sem permissão.

PKUNZIP

É um software utilizado no ambiente DOS que realiza a descompactação de um ou mais arquivos que tem o formato comprimido com terminação (.zip). Ver PKZip.

PKZip

É um software utilizado no ambiente DOS que tem como função comprimir um ou mais arquivos no formato (.zip). Ver PKUNZIP.

Planilha Eletrônica

(Worksheet)

Software utilizado para o desenvolvimento de tabelas de dados com a finalidade de realizar cálculos financeiros, bem como gerar gráficos.

Plasma display

(Display de plasma)

Tecnologia para monitores de vídeo ou TV. Essa tecnologia usa propriedades de eletroluminescência de determinados gases para exibir as informações.

Platforma

(Plataform)

Corresponde basicamente a uma combinação de hardware e software para designar o ambiente operacional que o usuário dispõe. Por exemplo: a plataforma Windows, a plataforma Linux, a plataforma Macintosh, etc.

PLD

(Programmable Logic Device)

Corresponde a um circuito integrado que pode ser programável com um equipamento apropriado. Esse consiste de arrays de portas AND e OR.

Plotadora

(Plotter)

Dispositivo de saída com braço robótico utilizado para imprimir em papel. Muito disseminado em empresas de engenharia para imprimir plantas de prédios e residências.

Plug-and-Play or PnP

Significa a habilidade do software e do hardware de detectar a presença de um novo componente de hardware do computador, sem necessariamente desligar o equipamento. Diz-se que esse novo componente adicionado ao computador é *Plug-and-Play*.

Plug-in

São softwares que, acoplados ao programa em uso, adicionam funcionalidades a esse.

PMO

(Program Management Office)

Grupo interno da Sun Microsystems

que tem a incumbência de administrar o JCP e o comitê executivo. Ver JCP.

PODCAST

Corresponde ao conteúdo ou o método de distribuição de arquivos multimídia, utilizando os formatos: RSS ou *Atom syndication*.

POLIMORFISMO

Mecanismo de desenvolvimento de software orientado a objetos que corresponde à ativação de métodos que possuem a mesma identificação, mas com conteúdos diferentes. O ponto principal é que esses métodos pertencem a classes distintas, só que essas classes herdam de uma mesma superclasse.

PONTE

(Bridge)

Equipamento de rede ou um computador fazendo o papel de bridge com a finalidade de segmentar a rede. Muito conhecido como ponte entre dois segmentos de uma rede local.

POP

1. Significa ponto de presença, local físico onde estão localizados equipamentos de rede que são utilizados para concentrar e distribuir dados pela rede e a Internet. Nesse local existem roteadores e outros equipamentos para conectar usuários de uma determinada região. No Brasil existe a RNP (Rede Nacional de Pesquisa) que é responsável por interligar diversos pontos de pesquisa como: Universidades e Institutos de Pesquisa. Os pontos de presença da RNP estão localizados nos vários estados brasileiros.

2. Também conhecido como o protocolo usado para trabalhar com e-mails. Atualmente existe a versão que é denominada de POP3. Ver POP3.

POP3

(Post Office Protocol)

Protocolo de comunicação utilizado para baixar as mensagens do servidor para a máquina local. O 3 indica a versão atual do protocolo POP. Ver POP.

PORT

(Porta)

1. Conexão física ou soquete que permite a comunicação entre um local interno e um local externo. Existem alguns termos tais como: asynchronous port (porta assíncrona), input port (porta de entrada), output port (porta de saída), port selector (seletor de portas), parallel port (porta paralela), serial port (porta serial), etc.

2. Efetuar o port (adaptação) de um sistema que roda em uma plataforma de hardware para outra plataforma.

Portable

1. Termo usado para designar softwares que têm a capacidade de rodar em diversas plataformas diferentes (computadores diferentes), e em sistemas operacionais diferentes.

2. Termo também usado para descrever equipamentos de pequeno porte que podem ser facilmente transportados como: notebooks, palmtops, laptops, etc.

Polimorfismo

Processo que corresponde à ativação de métodos que possuem a mesma identificação, mas com conteúdos diferentes. O ponto principal é que esses métodos pertencem a classes distintas, só que essas classes herdam de uma mesma superclasse.

POO

(Programação Orientada a Objetos)

É uma forma de programar que corresponde a pensar o problema em termos de objetos da vida real. Os objetos são unidades de dois tipos: concretos e abstratos. Os objetos concretos são: carro, ser humano, avião, motocicleta, etc. Os objetos abstratos podem ser: uma duplicata, uma conta bancária, uma fatura, etc. Esses objetos são classes compostas de atributos e métodos. Os atributos são variáveis que identificam os objetos. Exemplo: o objeto cliente possui o código do cliente, seu nome, seu endereço, etc. Os métodos são funções que realizam pequenas tarefas a respeito de um objeto. Exemplo: método que checa se o cliente está cadastrado, método que grava um novo registro, etc.

Portal

Tipo de site que oferece um conjunto de informações variadas tais como: pesquisa, notícias, bate papo, links, etc.

Porte dos Computadores

Os computadores podem ser subdivididos basicamente em três categorias: Pequeno Porte – Microcomputadores, Médio Porte – Minicomputadores e Grande Porte – Mainframe e Supercomputadores.

Power

(Potência)

Potência, energia. A fonte de alimentação de um equipamento fornece energia para manter o equipamento em funcionamento. A unidade de medida de potência é dada em VA (Volt-Ampère).

PowerPC

É uma arquitetura de microprocessadores do tipo RISC projetada pela aliança entre as empresas Apple, IBM e Motorola com o objetivo de serem utilizados nos computadores da Apple Macintosh.

PPP

(Point to Point Protocol)

Protocolo ponto a ponto de acesso a Internet mais utilizado pelos usuários que detêm uma linha discada. A função deste protocolo é enviar os dados do usuário de seu computador para um provedor de Internet e o provedor destina os dados para a Internet e vice-versa.

PPTP

(Point to Point Tunneling Protocol)

Protocolo utilizado para criar redes privadas virtuais. Esse protocolo é de propriedade das empresas americanas Microsoft e 3Com. Ver VPN.

PRIMEIRO PLANO.

Ver *Foreground*.

PRIVADO

(Private)

Em programação orientada a objetos corresponde a um atributo ou operação de uma classe que é acessível apenas por métodos da classe atual.

PROCEDURE

Em uma linguagem de programação, corresponde a uma rotina de um programa utilizada para realizar uma tarefa. Essa rotina não retorna nenhum valor, ao contrário de uma função que retorna um valor. Esse recurso é utilizado na linaugem Pascal.

PROCESSADOR

É o chip mais importante do computador, considerado o cérebro do mesmo. Todo o processamento realizado é feito por este chip.

PROCESSAMENTO PARALELO

Tipo de sistema ou equipamento que opera de tal forma que permite um software ser processado por mais de uma CPU efetivamente ao mesmo tempo. Um sistema paralelo pode ser fortemente acoplado (computador composto de mais de uma CPU) ou fracamente acoplado (sistema de rede de computadores onde permite o paralelismo nos vários computadores ligados na rede).

PROCESSO ITERATIVO

Processo que é executado repetidas vezes.

PROGRAMAÇÃO

Ato ou efeito de construir programas (softwares) de computador com a finalidade de realizar determinadas tarefas que abrangem as diversas áreas tais como: Engenharia, Comercial, Industrial, Bancária, Medicina, etc. Pergunta-se hoje qual a área que não requer o uso do computador? E respondemos dizendo que praticamente inexiste essa área.

PROGRAMAÇÃO ESTRUTURADA

Corresponde a um conceito de programação que recomenda que qualquer programa possa ser desenvolvido utilizando-se das seguintes três estruturas: sequência, decisão e iteração. Esse tipo de programação está inserido também o conceito de programação modular que corresponde a um programa ser composto de módulos ou rotinas que realizam determinadas tarefas.

PROTEGIDO

(Protected)

Em programação orientada a objetos corresponde a um atributo ou operação de uma classe que é acessível por métodos de qualquer descendente da classe atual.

PROTOCOLO

(Protocol)

Corresponde a um conjunto de regras que tem como função estabelecer a forma como os equipamentos irão se comunicar logicamente. Em redes de computadores existem basicamente duas normas para especificar os diversos níveis de comunicação que são ISO/OSI e TCP/IP. A ISO/OSI é a especificação padrão de Júri estabelecido pela ISO que descreve as sete camadas de como os equipamentos pode se comunicar. As quais são: Física, Enlace de Dados, Rede, Transporte, Sessão, Apresentação e Aplicação. Já a Internet trabalha com a família de protocolos TCP/IP que descreve as cinco camadas para haver a comunicação.

PROJETO

(Project)

Plano detalhado com as etapas para o desenvolvimento de um produto seja este de hardware ou software. Exemplo: projeto para o desenvolvimento de um sistema de folha de pagamento. Projeto para o desenvolvimento de uma nova impressora, etc.

PROM

Memória de computador (apenas de leitura) que pode ser reprogramada através de equipamento especial. Esse tipo de memória geralmente contém um software que é utilizado para inicializar o sistema (boot do sistema).

Protocolo de Acesso

(Access Protocol)

Conhecido também como protocolo de acesso ao meio, é responsável por evitar colisões entre estações de trabalho quando do envio de mensagens em meios compartilhados da rede de computadores.

Proxy

Tipo de servidor em uma rede de computadores que é utilizado para interceptar todas as requisições de um servidor real, local ou remoto com o objetivo de esconder as estações locais para o mundo externo. Apenas o servidor de *proxy* é visto pela rede externa.

PSTN

(Public Switched Telephone Network)

Rede de telefonia pública que opera com dados de voz de maneira analógica, contrapondo a rede de telefonia atual que opera de forma digital.

Protótipo

Modelo geralmente reduzido de um projeto ou programa de computador. Utilizado geralmente em fase de desenvolvimento para interagir com o usuário e o mesmo pode ter uma idéia de como será a versão final, além de poder modificar o *design* do mesmo.

Público

(Public)

Em programação orientada a objetos corresponde a um atributo ou operação de uma classe acessível por métodos de qualquer classe.

QBE

(Query By Example – Consulta pelo exemplo)

Consulta feita em uma tabela do banco de dados onde o usuário informa os critérios de pesquisa e os valores.

QUALIDADE

(Quality)

Propriedade ou atributo de um sistema que diferencia esse de outro.

QUALIDADE DE SOFTWARE

A qualidade de um software deve abranger alguns tópicos que merecem destaque, os quais são: métodos para prevenção de defeitos, métodos para detecção de falhas/defeitos, uso de métricas para comparação e a documentação.

QUANTIFICAÇÃO

(Quantization)

Processo de conversão de um sinal analógico para um valor numérico.

QUANTUM

1. Quantidade indivisível de energia eletromagnética.

2. Pacote de dados que representa um sinal quantizado.

QUERY

(Questão)

Pesq... ...eita geralmente em um banco ...dos. Ver QBE.

QUBIT

Correspond ao bit da computação quântica.

QUEUE

(F)

Estrutura de dados do tipo fifo (first in first out - primeiro a entrar é o primeiro a sair). Significa estar numa fila.

QUICK SWAP

(Troca rápida)

Processo de conectar e desconectar algum dispositivo do sistema sem desligar o computador.

QUICKSORT

Método ultrarrápido de ordenação de um arquivo em que primeiro seleciona um elemento do meio e parte-se em duas metades e novamente para cada metade parte-se em duas até ordenar todos os elementos.

QUICKTIME PLAYER

Aplicativo do computador Machintosh que atualmente também roda no Windows que é utilizado para reproduzir arquivos de multimídia e realidade virtual. As extensões desses arquivos podem ser: mov, qt ou moov.

QUIT

(Terminar)

Comando de software utilizado para sair do sistema em execução.

QWERTY KEYBOARD

(Teclado QWERTY)

Teclado onde as letras q w e r t y tem uma sequência da esquerda para direita na parte superior esquerda do mesmo. Este padrão segue as máquinas de escrever.

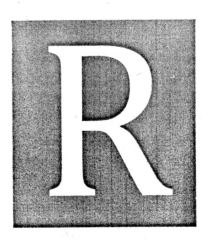

Rack

(Gabinete, prateleira)

Tipo de prateleira ou gabinete que é utilizado para conter equipamentos de informática como equipamentos de rede e placas de CPUs quando o computador é multiprocessador, etc.

RAD

(Rapid Application Development – Desenvolvimento rápido de aplicação)

Modelo de desenvolvimento de software rápido que é utilizado como um protótipo. O período médio de desenvolvimento em torno de dois meses a três meses.

Radiocomunicação

(Radiocommunications)

Comunicação que envolve a transmissão e recepção de informações através de ondas de rádio.

Radio Frequency

(Frequência de rádio)

Faixa de frequência do espectro eletromagnético que está entre 10KHz e 3000GHz.

RAID

(Redundant Array of Inexpensive Disks - Matriz redundante de discos baratos)

Termo utilizado para designar um arranjo de discos rígidos que são dispostos juntos, formando uma unidade única que permite a redundância das informações armazenadas com a finalidade de gravação e recuperação de dados. A redundância permite evitarem falhas de hardware na gravação de dados.

RAM

(Ramdom Access Memory - Memória de acesso aleatório)

Considerada a memória principal do computador. Também chamada de memória volátil ou de rascunho, ou seja, o computador a utiliza para fazer processamento temporário e quando o computador é desligado, seu conteúdo é perdido.

Random

(Aleatório, randômico)

Evento que ocorre sem que seja possível a sua previsão. Em armazenamento de dados significa que os dados são armazenados em meios físicos de forma não sequencial (exemplo: disco rígido). Dessa forma permite o acesso aos dados de maneira muito mais rápida do que acessar dispositivos de acesso sequencial como é o caso de fitas. O acesso randômico permite buscar dados em qualquer posição no disco sem ter de passar sequencialmente pelo primeiro arquivo para buscar o segundo.

Range

(Faixa, limite)

Faixa de valores que são limitados por um valor mínimo e um valor máximo. Exemplo faixa de 50 a 100 (significa que pode ser escolhido qualquer valor entre 50 e 100 inclusive).

Rate

(Taxa)

Termo utilizado para designar velocidade de processamento de um microprocessador ou velocidade de transmissão. Exemplo: um determinado hub trabalha a uma taxa de 10 Mbps.

Ray

(Raio)

Raios ou fótons de luz que são utilizados em determinados equipamentos ou que trafega em fibra ótica.

RDBMS

(Relational Database Management System)

Gerenciador de banco de dados relacional. Tipo de banco de dados que armazena as informações em forma de tabelas, onde as mesmas contêm os dados e possui algumas colunas redundantes para permitir o relacionamento entra as tabelas.

READ

(Ler)

Termo utilizado na informática para designar o acesso e recuperação de informação em um determinado meio físico. Exemplo: ler (obter) um registro de um arquivo.

READER

(Leitor)

Unidade utilizada para recuperação de dados armazenados em um dispositivo.

READY

(Pronto)

Dispositivo ou equipamento pronto. Exemplo: significa também dizer que um sinal de um dispositivo está indicando que o mesmo está pronto para receber ou enviar dados.

REAL TIME

(Tempo real)

Processo ou procedimento que deve ser realizado em um determinado tempo preciso. Exemplo: sistema operacional que opera em tempo real, ou seja, sistema que atende requisições que devem ser executadas precisamente naquele instante.

REBOOT

(Reinicializar)

Processo de reinicio de um sistema quando ocorre um travamento ou quando da instalação de um novo software há a necessidade de o sistema ser reinicializado.

RECARREGAR

(Reload)

Ativar novamente um sistema, onde o mesmo será carregado para a memória do computador e iniciará sua execução.

RECOMPILE

(Recompilar)

Processo realizado que significa tornar a compilar um determinado programa novamente devido a uma possível alteração em seu código.

RECONFIGURAÇÃO

(Reconfiguration)

Procedimento que equivale à alteração de determinados parâmetros de um software ou hardware.

RECONNECT

(Reconectar)

Processo realizado para permitir a continuação de um procedimento que havia sido interrompido. Desse modo, conecta-se novamente um dispositivo ou equipamento.

RECORD

(Registro)

Unidade de dados que é composta de campos. Os campos representam dados a respeito de uma entidade. Exemplo: registro de um cliente é composto de código do cliente, nome do cliente, endereço, etc.

RECOVERY

(Recuperação)

Retornar ao estado normal após uma falha de um sistema.

RECURSIVO

(Recursive)

Função ou rotina que chama a si mesma. Forma de programação que faz com que um procedimento fique mais legível de ser entendido. Existem alguns inconvenientes como exemplo: uma determinada função recursiva pode se tornar muito lenta, deste modo é melhor fazer uma rotina sem utilizar recursividade.

RECUSAR ACCESSO

(Deny Access)

Procedimento realizado por um sistema de hardware ou software que naquele momento está impedido de atender por não haver recursos suficientes para o atendimento ou por razões de segurança ou ainda por informação incorreta de login e/ou senha.

RECURSO

(Resource)

Objeto ou componente de hardware ou software que compõe um sistema.

REDE DE COMPUTADORES

Interligação de computadores arranjados em uma das diversas topologias que permitem a troca de dados e o compartilhamento de recursos. As redes podem ser: Local (LAN), Metropolitana (MAN) ou de Longa Distância (WAN).

RED HAT LINUX

Corresponde a uma versão do sistema operacional Linux distribuído e utilizado principalmente nos Estados Unidos que conta com o conceito de pacotes de distribuição. Os pacotes são módulos de software onde podem ser baixados individualmente e instalados facilmente.

REDIRECIONAR

(Redirect)

Em redes de computadores o roteador é um equipamento que tem como função repassar (redirecionar) pacotes de dados que tem um endereço diferente dos equipamentos conectados diretamente a este roteador. Deste modo, o roteador checa os endereços dos pacotes e os envia para linhas externas conectada a ele.

REDO

(Refazer)

Processo que é utilizado em um sistema que corresponde a refazer todo um processo que foi desfeito através de um comando undo (desfazer). Ver undo.

REDUNDÂNCIA

(Redundancy)

1. Componete duplicado em um sistema computacional com a finalidade de ser ativado caso o componente atual tenha algum defeito.

2. Arquivo duplicado em um sistema de arquivos ou em um sistema distribuído com a finalidade de se houver um crash no sistema o arquivo redundante seja ativado para evitar a perda de alguma informação.

REENTRANT PROGRAM

(Rotina reentrante)

Sistema de computador cujo código, ao ser ativado pela primeira vez, é copiado para a memória e pode ser compartilhado por vários outros usuários que o ativarem. Isso é possível em um sistema multiusuário.

REFORMATAR

(Reformat)

Tornar a formatar novamente um periférico que possa ser formatado. Isso geralmente é feito no disco rígido, por exemplo, quando há vírus e não pode ser recuperado normalmente. Nesse caso, o disco deve ser formatado novamente e feita a instalação de todos os sistemas anteriormente instalados.

REFRESH

(Renovar, atualizar)

Processo realizado em um monitor de vídeo que corresponde a permanente atualização dos dados e imagens em sua tela.

REGISTRADOR

(Register)

Correspondem a espaços na CPU para armazenar instruções e dados a serem processados.

Relational (Relacional)

Ver Modelo Relacional.

Release

(Versão)

Corresponde à liberação de uma versão de um sistema com pequenas alterações em relação à versão anterior. Exemplo: Versão 2.1 (versão 2 e release 1), Versão 2.2 (versão 2 e release 2), etc.

Reliable

(Confiável)

Sistema de computação em que sua versão atual encontra-se estabilizada (confiável, sem erros).

Relocável

(Relocatable)

Programa de computador que pode ser executado e deslocado para qualquer endereço da memória sem que haja nenhum erro em sua execução.

REM

(Remark – Comentário)

Comando da linguagem de programação Basic que é ignorado pelo compilador desta linguagem e é utilizado pelo programador para documentar o programa.

Remoto

(Remote)

Equipamento que está localizado em uma área distante daquela que está sendo acessado.

Remove

(Remover)

Eliminar ou mover um arquivo do sistema

Rename

(Renomear, trocar o nome)

Comando utilizado para alterar o nome de um arquivo.

Renderização

(Rendering)

Processo que corresponde à exposição de um objeto, imagem, figura ou caracteres por intermédio de algoritmos na tela do monitor.

Replace

(Substituir)

Procedimento ou instrução da linguagem de programação Java que tem como objetivo substituir um determinado item de dado por outro.

REPLICATE

(Replicar)

Gerar cópias de dados em arquivos separados com o objetivo de duplicar a informação com o sentido de garantir uma eventual perda de dados por algum problema que possa acontecer.

REPORT

(Relatório)

Relatório gerado por um programa de computador que busca dados geralmente em tabelas e os exibe de forma que possa ser entendido melhor pelos usuários.

REQUEST

Requisitar ou solicitar algo.

RESET

(Reinício)

Botão ou combinação das teclas Ctrl Alt Del que significa a reinicialização do computador (boot). Ver Reboot.

RESTART

(Reiniciar)

Processo de reinicialização de um sistema computacional. Ver Reset.

RESTORE

(Restaurar)

Retornar ao ponto de início.

RESULT

(Resultado)

Resposta indicada pelo computador após a realização de uma determinada tarefa, procedimento ou expressão.

RESUME

(Retomar)

Continuar a executar o programa a partir do ponto em que parou.

RETRANSMISSION

(Retransmissão)

Equipamento de rede que reenvia um conjunto de dados para um receptor, muito provavelmente devido à ocorrência de erros na transmissão de dados.

REUSABILIDADE

(Reusable)

Reaproveitamento de rotinas escritas para um sistema que podem ser reaproveitadas para outros sistemas.

Dicionário de Computação e Informática

REWRITE

(Regravar)

Procedimento realizado pelo computador com a finalidade de sobrepor um dado gravado previamente por outro.

RGB

(Red, Green, Blue)

Sistema que combina as três cores primárias vermelho, verde e azul, para formar milhões de cores possíveis.

RFC

(Request For Comments)

São documentos que descrevem padrões de funcionamento de protocolos e serviços, bem como, recomendações de uso da Internet.

RISC

(Reduced Instruction Set Computer)

Corresponde a uma arquitetura de computador composta de um conjunto simples e reduzido de instruções. Esta arquitetura permite o processamento de instruções mais rápido do que equipamentos com a tecnologia CISC. Exemplos de processadores com a tecnologia RISC: DEC Alpha, SPARC, MIPS e Power PC.

ROM

(Read Only Memory)

Memória apenas de leitura não volátil, ou seja, seu conteúdo não é perdido quando o computador é desligado. Seu conteúdo é denominado de *firmware*.

ROTEADOR

(Router)

Equipamento de rede responsável pela comunicação de longa distância entre redes. Sua função principal é rotear as mensagens oriundas do computador de origem para o computador de destino ou computador intermediário até atingir o destino.

RUÍDO

Sinal espúrio externo que pode modificar o conteúdo da informação original que está sendo transmitida no meio físico. Geralmente acontece quando existe a presença de equipamentos como motores elétricos próximos ao cabeamento.

RUP

(Rational Unified Process)

Processo de desenvolvimento de software que usa técnicas para aumentar a rapidez no desenvolvimento de projetos de software. Esse processo foi adquirido pela IBM e desenvolvido pela empresa Rational Software Corporation. Utiliza a tecnologia de orientação a objetos, e linguagem gráfica denominada de UML (*unified modeling language*).

Samsung

Empresa japonesa que desenvolve uma série de produtos e soluções. Ver o site www.samsung.com.

SAP

(Aktiengesellschaft)

É uma grande empresa de software da Europa quee desenvolveu o software denominado ERP R3. Essa empresa está localizada em Walldorf, na Alemanha.

SAP Exchange Infrastructure ou XI

Ferramenta de integração de softwares que trabalha com funções de conversão que podem ser implementadas por uma biblioteca de Java e alguma ferramenta visual que utilize essas funções

SAP NetWeaver

É uma plataforma que contém uma família de produtos que estão em um servidor J2EE.

Scanner

Dispositivo de entrada responsável pela digitalização de imagens e/ou texto.

Select

Em banco de dados relacional que utiliza a linguagem SQL, significa o comando que seleciona um conjunto de dados em uma ou mais tabelas.

SERVIÇOS

Conjunto de funções ou tarefas que deve ser realizada por um dispositivo ou sistema ou mesmo uma empresa.

SERVIÇOS ONLINE

São serviços fornecidos por empresas que permitem o acesso a recursos através de uma rede de computadores. É qualquer tipo de empreendimento que oferece serviços como provedores de acesso a Internet, e fornece acesso a conteúdo da rede.

SERVIDOR

Corresponde ao equipamento responsável por gerenciar recursos, sejam eles de rede, impressão, banco de dados ou outro serviço. O Servidor é o equipamento em uma rede que não deve ser desligado e nem dado o boot constantemente, uma vez que o mesmo atende clientes frequentemente.

SERVIDOR DE ACESSO

(Access Server)

Computador responsável por controlar o acesso de usuários remotos que se conectam através de um modem. O servidor de acesso pode ser um único computador especificamente reservado para permitir o acesso ou um computador da rede onde CPUs com várias portas de acesso tenham sido instaladas.

SERVLET

É uma miniaplicação ou applet escrito em java que realiza tarefas e cálculos e emite dados que são devolvidos ao navegador, que é executado em um servidor da Web.

SET

1. Estabelecer, atribuir um valor a uma variável.

2. Definir o valor de um parâmetro.

SGML

(Standard Generalized Markup Language)

Linguagem padrão de marcações generalizadas que definem como documentos devem ser marcados para indicar itálico, negrito, margens, etc. Esse padrão foi definido em 1986 pela (ISO) com o objetivo de fornecer documentos independentes de plataformas e aplicações com formatação, indexação e informações com vínculos.

SHAREWARE

Software que pode ser usado pelo usuário por um determinado tempo sem necessariamente pagar pelo seu uso. Após uma data específica deve ser comprado para que se tenha acesso definitivo. Existem alguns softwares que apenas informam ao usuário de que o tempo expirou, mas continuam a permitirm o uso sem o pagamento..

Short

Tipo de dado primitivo em uma linguagem de programação que possui um valor do tipo inteiro (ocupa 16 bits) que corresponde a valores positivos ou negativos sem a parte fracionária. Ver Integer, Long, Double.

Silicon Valley

(Vale do Silício)

Região dos Estados Unidos, mais precisamente em Santa Clara na Califórnia, onde está localizado um conglomerado de empresas responsáveis pelo desenvolvimento tecnológico de chips de silício originalmente e onde agora se concentram diversas empresas de hardware e software.

Site

Local em um servidor de Internet contendo informações pessoais ou de empresas com o objetivo de divulgar essas informações para o mundo. Ver Web site.

Sistema Especialista

(Specialist System)

Sistema computacional (da área de Inteligência Artificial) que faz uso do conhecimento e procedimentos de inferência para solucionar problemas complexos.

Skype

Software desenvolvido pela empresa de mesmo nome que permite a comunicação de voz e vídeo entre usuários sem nenhum custo. Esse sistema está disponível em diversos paises e diversos idiomas. Ver o site www.skype.com.

SLIP

Protocolo pertencente à família de protocolos TCP/IP com o objetivo de efetuar a conexão através de linhas telefônicas comuns.

SMILEYS

Corresponde a um conjunto de caracteres gráficos e de pontuação usados convencionalmente por usuários em chats para expressar emoções aos outros usuários.

SMTP

(Simple Mail Transfer Protocol)

Protocolo da família TCP/IP utilizado para realizar a transferência de mensagens do usuário até o servidor.

SNMP

(Simple Network Management Protocol)

Protocolo pertencente à família TCP/IP que tem como objetivo gerenciar os nós de uma rede como: pontes (bridges), concentradores (hubs), comutadores (switches) e roteadores (routers).

SOA

(Service Oriented Architecture)

Esta arquitetura disponibiliza aplicativos para operarem em uma rede de computadores de forma independente baseada em padrões abertos. Corresponde a uma arquitetura orientada a serviços que se utiliza dos serviços da Web tais como: SOAP, REST e WSDL.

SOBRECARGA

Em programação orientada a objetos significa que métodos em Java podem ser sobrecarregados, ou seja, vários métodos com o mesmo nome, mas com funcionalidades diferentes. Usa-se o mesmo nome do método com parâmetros diferentes ou de tipos de objetos diferentes.

SOBREPOSIÇÃO

Em programação orientada a objetos corresponde à redefinição ou sobreposição de um método que já foi implementado em uma classe herdada. Esse termo é conhecido também como cancelamento.

SOFTWARE APLICATIVO

É um programa de computador com o objetivo de atender às necessidades do usuário. Exemplos: Cadastro, Folha de Pagamento, Controle de Estoque, Contabilidade, Office, etc. Ver Aplicação.

SOFTWARE BÁSICO

É um programa de computador com o objetivo de atender às necessidades do computador. Exemplos: S. O., Boot, Antivirus, Desfragmentador de disco, etc.

SOFTWARE DE DOMÍNIO PÚBLICO

Acesso, uso e possíveis modificações em um software disponível para qualquer usuário (acesso às fontes).

SOLARIS

Sistema Operacional baseado no Unix desenvolvido pela Sun Microsystems. Primeiramente baseado na versão do Unix BSD e posteriormente passou a ter uma nova versão baseado no Unix System V.

SONY

Empresa japonesa fabricante de uma série de produtos eletroeletrônicos. Ver o site: www.sony.com.

SOURCE

(Fonte)

Corresponde a um arquivo ou vários arquivo que contém um programa de computador escrito em uma linguagem de programação de alto nível. Este software pode ser entendido por programadores e o mesmo pode ser submetido a um compilador ou um interpretador para poder ser executado (rodar) em um computador.

SPYWARE

Programas de computador mal intencionados que são instalados no computador sem a permissão do usuário e geralmente colhem informações confidenciais e as enviam para locais determinados.

SPAM

Corresponde a mensagens indesejadas enviadas por pessoas ou empresas sem a permissão do destinatário.

SQL

(Structured Query Language - Linguagem de Consulta Estruturada)

É uma linguagem de pesquisa declarativa para bancos de dados relacionais. É composta de uma série de comandos tais como: *select*, *update*, *insert*, *delete*, entre outros.

SQL SERVER

Sistema gerenciador de banco de dados relacional desenvolvido pela Microsoft. Este SGBD opera principalmente em empresas de grande porte. Ver o site: www.microsoft.com.

SSL

(Secure Socket Layer)

Corresponde a um protocolo desenvolvido pela empresa Netscape para permitir que dados sejam criptografados e transmitidos pela Internet.

STATEMENT

Em linguagem de programação, significa um comando ou instrução.

STAROFFICE

Pacote de softwares comercializado pela Sun Microsystems que tem como objetivo fornecer programas que buscam auxiliar as tarefas mais comuns de um usuário. Principais programas que acompanham o pacote: planilha eletrônica, editor de texto, banco de dados, desenho e software de apresentação. Este pacote corresponde a uma versão do Openoffice que possui características adicionais e é uma versão comercial. Ver Openoffice.

String

Corresponde a um conjunto de caracteres agrupados utilizados para exibir uma informação ou ser submetidos a um processo de comparação.

Subclasse

Em programação orientada a objetos corresponde a especialização ou ao refinamento de uma superclasse que passa a conter especificações particulares dessa classe.

Sun Microsystems

Empresa Americana que desenvolve diversos produtos e serviços. Um dos produtos principais é a arquitetura Java que agrega vários softwares. Ver o site: www.sun.com.

Superclasse

Em programação orientada a objetos corresponde a generalização de uma classe, ou seja, a superclasse que contém informações genéricas, que deve ser herdada para formar classes mais específicas.

Supercomputador

Computador de grande porte, geralmente multiusuário, multitarefa e multiprocessador.

Suze Linux

Versão de distribuição do sistema operacional Linux que tem como objetivo ser usado facilmente em máquinas e usuários domésticos.

Switch

Equipamento de rede (equivalente a bridge) que pode dividir a rede em vários segmentos.

TABLET PC

Computador tipo notebook que possui tela sensível ao toque que pode ser utilizado como uma prancheta, na qual pode ser utilizada uma caneta, comandos de voz, e também pode ser utilizado de modo convencional com teclado e mouse.

TAG

São códigos utilizados para criar as páginas de Web. Esses tags são usados aos pares para delimitar o trecho que deve aparecer na página. Tags são utilizados em várias linguagens como Html, Xml, etc.

TAMBOR MAGNÉTICO

(Magnetic Drum)

Tipo de dispositivo magnético de armazenamento de dados usado nos primórdios da computação.

TCK

(Technology Compatibility Kit)

Conjunto de ferramentas, testes e documentação que é fornecido a uma organização formada por uma empresa, uma entidade ou um indivíduo com o objetivo de determinar se uma implementação está conforme a especificação de uma API ou tecnologia Java.

TCP/IP

(Transmission Control Protocol / Internet Protocol)

Família de protocolos de comunicação

utilizados como padrão de fato da Internet. Utiliza até a camada 5 (cinco) do modelo ISO/OSI.

TECLADO

Dispositivo de entrada com várias teclas para interação do usuário com o computador. As teclas são divididas em: Teclas numéricas (números), alfanuméricas (letras e números), de função (Exemplos: F1 a F12, Delete, Home, Page Up, etc.) e especiais (Enter, Backspace, Ctrl, Alt, etc.).

TELA SENSÍVEL AO TOQUE

Tela do monitor em que o usuário pode interagir com o computador selecionando ícones e/ou itens de menu através da própria tela. É geralmente utilizada em ambientes hostis ou em caixas eletrônicos, substituindo o Mouse ou o Teclado.

TELETRABALHO

Forma de trabalhar em casa através do computador conectado a empresa. Atualmente é uma das formas utilizadas por funcionários de multinacionais, evitando o deslocamento do mesmo para o local de trabalho em determinados perídos da semana ou do mês. O funcionário deve possuir um equipamento capaz de interagir com a empresa e tem de ser disciplinado a ponto de ter um bom rendimento.

TELNET

O telnet pertence à família de protocolos TCP/IP que é utilizado como um serviço da Internet para acessar outros computadores da rede. O usuário usa o telnet para acessar uma conta que tenha em outro computador da rede. Por exemplo: um usuário que possua uma conta em um servidor da rede pode acessar esse computador através do serviço telnet. É suficiente entrar na Internet usando o nome da conta que possui e a senha para ter acesso às facilidades dessa máquina como se estivesse localmente na máquina alvo.

TEMPLATE

(Gabarito)

Gabarito ou modelo padrão elaborado para realizar a reprodução desse gabarito por várias vezes.

TEORIA DOS GRAFOS

(graph theory)

Um grafo é um conjunto de pontos, denominados vértices (nós), conectados por linhas, denominadas arestas (arcos). Essa teoria tem uma grande utilidade em uma série de aplicações.

TERABYTE (TB)

Unidade de medida de capacidade que equivale a 1024 Gigabytes. Corresponde a $\equiv 2^{40} \equiv 10^{12}$.

TERMINAL BURRO

(Dumb Terminal)

Terminal de entrada e saída de dados que não realiza nenhum processamento local. Tem a função de apenas exibir as informações recebidas por um computador remoto e enviar dados digitados pelo usuário para este computador.

TOOGLE SWITCH

Chaveador alternado entre dois estados, ou seja, é uma chave elétrica que possui apenas duas posições.

TOPOLOGIA

(Topology)

Disposição física dos equipamentos de uma rede. Existem três topologias clássicas, a saber: Estrela, Barra e Anel. Redes geograficamente distribuídas podem ser Ponto-a-Ponto ou Multiponto.

TOUCH SCREEN

Ver: Tela sensível ao toque.

TRANSAÇÃO

(Transaction)

Um procedimento que deve ser realizado por inteiro; caso haja falha no meio da transação, essa deve ser interrompida.

TROUBLESHOOT

Conjunto de erros prováveis que podem acontecer em um equipamento ou software.

TRUE

Termo utilizado para designar que um bit tem o valor (1), ligado. Ao contrário do valor falso que é (0) ou em inglês (*false*). Ver *False*.

Ubuntu

É um sistema operacional do tipo Linux baseado na distribuição Debian. Ver linux e o site www.ubuntu.com.

UML

(Unified Modeling Language)

Linguagem de modelagem de objetos que permite a visualização de um sistema como um todo ou partes desse de forma gráfica. Existem diversos softwares que automatizam esse sistema de trabalho, em que o analista realiza a especificação do sistema para que em seguida os programadores de posse dos diagramas implementem o sistema em uma linguagem de programação.

UMTS

(Universal Mobile Telecommunications System)

Protocolo padrão da área de telecomunicações que corresponde à terceira geração de telefonia celular.

Undo

(Desfazer)

Comando que corresponde a desfazer uma alteração feita em um programa. Geralmente uma digitação ou alteração que se julga inadequada e que a mesma deve retornar ao estado anterior. Ver redo.

Unicode

Corresponde a um padrão de codificação que possui dezesseis bits para a identificação de caracteres. Ese padrão foi desenvolvido pelo Unicode Consortium e adotado por diversas empresas como exemplo a Sun Microsystems com sua linguagem Java. Ver Java.

Update

1. Atualização, alteração.

2. Em um banco de dados que usa a linguagem SQL, significa modificar e/ou atualizar campos de um registro sob determinadas condições.

3. Comando do Windows utilizado para fazer a atualização desse sistema operacional.

Upgrade

Atualização (nova versão) de um sistema ou de um equipamento.

Upload

Significa a transmissão um arquivo do computador do usuário para a rede. Ver: download.

URL

(Uniform Resource Locator)

Corresponde ao padrão de endereçamento da Web. Cada site ou HomePage possui um endereço único na Internet, que consiste de seu nome, diretório, máquina onde está armazenado e protocolo pelo qual deve ser transmitido. Logo, se diz que cada página da rede tem sua própria URL. URL's são bastante usadas na Web como em páginas html para indicar um novo hiperlink na navegação.

USB

(Universal Serial Bus)

Padrão desenvolvido pela Intel para a comunicação do computador com periféricos. Exemplos: câmera digital, impressora, pendrive, etc.

Usenet

Corresponde a grupos de discussão da Internet, onde os participantes se comunicam via texto, sem a facilidade da web. Existe um software básico denominado de Gopher que fornece acesso via menus a arquivos de texto, som e imagem. Esse software é um dos precursores da www.

User-friendly

Software ou Equipamento fácil de interagir com o computador. Diz-se também que é um software ou equipamento amigável.

UTILITÁRIO

(Utility)

São programas de computador responsáveis por automatizar tarefas que dizem respeito ao computador, tais como: Antivírus, desfragmentador de arquivos, segurança da máquina (*firewall*), programas que checam o sistema como um todo, etc.

UTP

Cabo de par trançado sem blindagem, utilizado para a conexão de equipamentos computacionais em redes locais. Atualmente existem várias categorias como: par trançado categoria 3, 4, 5, 5e, 6, etc.

Valor

(Value)

Geralmente uma variável de um programa possui um valor, que pode ser do tipo inteiro, real, String de caracteres, objeto, etc.

Variável

(Variable)

Atributo ou identificador de um programa de computador que possui um valor e que pode ser alterado. Corresponde a um endereço de memória onde é armazenado o valor. Os tipos podem ser: inteiro, real, String de caracteres, Objeto, etc.

Velox

Tecnologia de transmissão de dados em banda larga pertencente a empresa telefônica Telemar que utiliza um modem de tecnologia ADSL (Asymmetric Digital Subscriber Line), que aumenta a capacidade da linha de telefone, permitindo a transmissão simultânea de voz e dados a altas taxas de transmissão.

Verme

(Worm)

Ver Worm.

Versão

(Version)

Corresponde a uma cópia de um programa que possui determinadas facilidades. Um programa pode possuir várias versões, ou seja, novas versões podem conter melhorias em relação a cópia anterior.

Versão Beta

(Beta Version)

Esta versão corresponde à segunda versão de um programa de computador que é distribuída para diversos clientes para que os mesmos testem e retornem possíveis falhas e/ou sugestões de melhoras.

Vírus de Computador

Programa parasita com finalidade de danificar o Software ou o Hardware de um computador ou de redes de comunicação.

Visual Basic

Linguagem de programação projetada pela Microsoft com a finalidade de desenvolver aplicações gráficas no ambiente Windows. Essa foi inicialmente baseada na linguagem de programação Basic.

Visual C++

Ambiente de desenvolvimento desenvolvido pela Microsoft para tornar mais fácil e ágil o desenvolvimento de aplicações utilizando a linguagem de programação C++.

Visual Programming

(Programação Visual)

Ambiente de programação que se utiliza de recursos como botões, campos de texto, rótulos, ícones, etc. para facilitar o desenvolvimento de novas aplicações gráficas.

VLAN

(Virtual Local Area Network)

Este tipo de rede permite que um usuário localizado fora da área abrangida pela rede local possa utilizar a rede dando a impressão de estar no mesmo local.

VLSI

(Very Large Scale Integration)

Processo de criar circuitos integrados (CI) por intermédio de milhares de transistores.

VMware

Corresponde a uma máquina virtual que permite a instalação e execução de diversos sistemas operacionais em uma única máquina. Por exemplo: pode-se instalar um sistema Linux e rodar o Windows dentro do Linux e vice-versa. Esta máquina virtual simula um PC completamente. Permite dessa forma a execução de diversos sistemas de diversas plataformas rodarem ao mesmo tempo em uma única máquina. Ver o site: www.vmware.com.

VPN

(Virtual Private Network)

Corresponde a rede privada virtual que usa a infraestrutura da Internet (conexões públicas), mas seus dados são criptografados, tornando-os privados para quem usa esse recurso.

VoIP

(Voice Over IP)

Tecnologia utilizada para a conversão de sinais de áudio (telefone) em dados binários que pode ser transmitido pela Internet através do protocolo TCP/IP.

VRML

(Virtual Reality Modeling Language)

Linguagem que especifica a criação de objetos em 3D na Internet.

WAN

(wide area network)

Rede de Longa Distância. Exemplos: a Internet e redes particulares de várias empresas como: Bancos, Seguradoras, Governo, Holdings, etc.

WEB

(WWW - World Wide Web)

Teia mundial de computadores. Tecnologia que permitiu utilizar a Internet de forma gráfica, evitando a tecnologia de linhas de comandos. Permite a pesquisa através de hiperlinks de textos, imagens, ícones animados e vídeos.

WEBCAM

Equipamento periférico utilizado em computadores pessoais que tem como finalidade captar imagens e vídeo e armazená-las no computador.

WEB SITE

Um local na Internet que possui um endereço para permitir o acesso aos dados de pessoas, empresas e instituições como notícias, lojas virtuais, jogos, etc. Esse site deve ser administrado por um servidor da Web.

WHILE

Comando de repetição utilizado por praticamente todas as linguagens de programação, mais conhecido por loop. Esse pode ser finito que para quando uma determinada condição for satisfeita ou infinito que jamais termina.

WHOIS

Whois é um serviço da Internet que permite o acesso aos dados de pessoas, instituições e empresas cadastradas na Rede. Esse serviço é mantido pela Internet denominado de (*InterNIC-Registration Service*).

WIDEBAND

(Banda larga)

Forma de transmissão de alta velocidade, que combina vários canais de dados em um sinal de portadora. Existem várias formas tais como: Cable Modem, ADSL, etc. Ver Banda Base, Narrowband.

WIDGET

Um componente de uma interface que interage com o usuário.

WI-FI

Ver 802.11.

WINDOWS

Sistema operacional desenvolvido pela empresa americana Microsoft. Um dos sistemas mais utilizados no mundo em ambiente PC. Seu forte concorrente atualmente é o sistema operacional Linux derivado do Unix. Existem várias versões do Windows, como: Windows 95, Windows 98, Windows CE, Windows Me, Windows NT, Windows XP, Windows 2000, Windows 2003 e Windows Vista.

WINDOWS MEDIA PLAYER

Programa da Microsoft que acompanha o Windows, utilizado para tocar músicas e exibir vídeos.

WINDOWS VISTA

Última versão do sistema Windows, que vem com uma série de recursos para gerenciamento de arquivos, bem como mais estabilidade e segurança, além de novo visual atrativo.

WIRE

(Fio condutor de metal)

Cabeamento utilizado em uma rede de computadores. Esse cabeamento pode ser de vários tipos, como: par trançado, cabo coaxial fino ou grosso e fibra ótica.

WIRELESS NETWORK

(Rede sem fio)

São as redes de computadores em que os computadores são conectados através do ar. Pode ser principalmente usando Infravermelho e ondas de rádio do espectro eletromagnético. O principal padrão das redes sem fio é o IEEE 802.11, possuindo outras versões mais avançadas como: 802.11u, 802.11b, etc.

Word

Tradução de "palavra" do inglês. Denominação também conhecida como um dos processadores de texto mais utilizados no mundo desenvolvido pela Microsoft.

Workspace

(Espaço de trabalho)

Em ambiente Java, mais precisamente utilizando o ambiente de desenvolvimento Eclipse é conhecido como o diretório são colocadas as aplicações escritas em Java.

Worm

É considerado um tipo de vírus de computador, que se multiplica invadindo a rede.

Wraparound

Retorno automático de linha. Processamento de texto que permite ao usuário digitar o texto de forma ininterrupta, sem ter que digitar 'enter' no final da linha, uma vez que o sistema faz isso automaticamente.

x2

Tecnologia pertencente a U.S. Robotics com o objetivo de transmitirem dados a uma taxa de 56 Kbps, usando o cabeamento telefônico.

xDSL

Padrão de banda larga que permite a transferência de dados em altas taxas de transmissão, utlizando-se de cabos telefônicos pré-existentes e modens específicos. Existem duas principais categorias que são: ADSL para transmissão assíncrona e SDSL para transmissão síncrona.

Xenix

Sistema Operacional derivado do Unix, produzido pela Microsoft para ser utilizado em PC's.

Xerox

Empresa Americana que inicialmente desenvolveu máquinas copiadoras e posteriormente desenvolveu outros equipamentos de informática, tais como: mouse e um dos primeiros padrões de interface gráfica com o usuário. É também conhecida como a cópia de um documento.

XHTML

(Extensible Hypertext Markup Language)

Linguagem de hipertexto estendida que sucede o HTML e permite a utilização de arquivos em formato XML.

XML

(eXtensible Markup Language)

Linguagem de formatação que tem como finalidade substituir o HTML, além de permitir a troca de documentos entre várias plataformas de Hardware e Software.

Xon-Xoff

Protocolo de transmissão assíncrona, usado para transmitir dados, onde o fluxo pode ser regulado por ambos os lados da transmissão.

X/open

Padrão de sistemas abertos desenvolvidos por um conjunto de empresas.

X-Windows

Padrão de comandos (API) e rotinas desenvolvidos para o sistema Unix. Este padrão pode ser utilizado em PC's.

Yahoo

Um dos primeiros portais de busca importantes da Internet. Além de buscas, vendas de produtos diversos, entretenimento, educação, artes e cultura, etc. Site: www.yahoo.com.br.

Yottabyte (YB)

Unidade de medida de capacidade que equivale a 1024 zettabytes ou mais de um setilhão de bits. Corresponde a $\equiv 2^{80} \equiv 10^{24}$.

YouTube

Site da web que dispõe e permite hospedar uma série de vídeos em formato do software Macromedia Flash que podem ser baixados sem nenhum custo.

Yellow Book

(Livro Amarelo)

Publicação da Philips que especifica a formatação para gravação de dados em CD-ROM XA.

Ymodem

Protocolo derivado de Xmodem que usa blocos de 1024 bytes e pode também enviar múltiplos arquivos.

Zettabyte (ZB)

Unidade de medida de capacidade que equivale a 1024 exabytes ou mais de um sextilhão de bits. Corresponde a $\equiv 2^{70} \equiv 10^{21}$.

Zip disk

Disco flexível utilizado para armazenar informações, usado em unidades denominadas *Zip drives*.

Zip drive

Unidade de disco flexível; os Zip disks têm capacidades de 100 MB ou até 750 MB.

ZoneAlarm

Software de *firewall* pertencente à empresa Zonelabs, com finalidade de proteger o computador contra o ataque de *Hackers* e *Crackers*; possui uma versão gratuita (simples) e uma mais completa (não gratuita).

Zoom

Aumentar o foco de uma lente, ou ampliação de área de texto ou gráficos no monitor de vídeo.

Anexo

Principais cargos profissionais da área de computação e informática.

ADMINISTRADOR DE REDES E TELECOMUNICAÇÕES

Profissional responsável pela administração de um sistema de rede de computadores de uma empresa, que tem como função prioritária manter a rede ou redes de computadores em pleno funcionamento. Pode acrescentar usuários, deletar usuários, implementar novos sistemas, deletar sistemas, checar o balanceamento de carga da rede, etc.

ANALISTA DE MICROINFORMÁTICA

Profissionais que deve ter todo o conhecimento dos sistemas que envolvem os microcomputadores estejam eles conectados ou não em rede.

ANALISTA DE SISTEMAS

Profissão que tem como características a análise e especificações de um sistema de computador que compreende a primeira fase na elaboração do sistema. Para exercer esta profissão o indivíduo deve ter formação superior em um dos cursos de computação oferecidos pelas diversas instituições de ensino do país.

ANALISTA DE SUPORTE

Profissional responsável por responder a questionamentos dos clientes e possivelmente resolver problemas sobre um determinado sistema adquirido pela empresa responsável pelo seu desenvolvimento e implantação. O suporte pode ser remoto ou local, onde o profissional deve se locomover até o cliente.

Bacharel em Ciências da Computação

O profissional de Ciências da Computação deve ser capaz de ter um conhecimento profundo dos aspectos teóricos, científicos e tecnológicos relacionados à computação. Deve possuir o conhecimento para projetar, desenvolver, implementar, validar e gerenciar qualquer projeto de software, além de uma série de competências, como pesquisar e viabilizar soluções de software para várias áreas do conhecimento e aplicação.

Bacharel em Sistemas da Informação

Profissional que tem fundamentação no conhecimento teórico prático aprofundado da aplicação das soluções tecnológicas oferecidas pela ciência da computação a problemas existentes nas unidades de negócios de uma empresa. Esse profissional é capaz de compreender a dinâmica empresarial decorrente de mercados mais exigentes e participar do desenvolvimento e implantação de novos modelos de competitividade e produtividade nas organizações.

CCNA

(Cisco Certified Network Associate)

Profissional que possui o certificado da Cisco que o capacita a instalar, configurar e operar redes locais (LAN) e redes de longa distância (WAN) e serviços para pequenas redes em torno de 100 nodes (nós) ou menos. Pode também instalar e configurar alguns dos seguintes protocolos: IP, IGRP, Serial, Frame Relay, IP RIP, VLANs, RIP, Ethernet, etc.

CCNP

(Cisco Certified Network Professional)

Profissional que possui o certificado da Cisco que o capacita a desenvolver as habilidades necessárias para que o profissional implemente redes escaláveis, construa redes que reúnam um campus, desenhe e instale Intranets globais, como também atue na detecção e solução de problemas. Para esse certificado, existe o pré-requisito que o profissional deve fazer primeiro o CCNP.

CIO

(Chief Internet Officer)

Indivíduo ou pessoa responsável pela diretoria de uma empresa da web ou executivo de e-business. Este executivo precisa entender das novas tecnologias da web, bem como do mundo cibernético, além de planejamento estratégico e marketing.

CLP

(Novel certified linux professional)

Profissional que possui o certificado da Novel que o capacita utilizar o sistema operacional Linux (Suze).

Consultor

Profissional com vasto conhecimento de computação e informática e tem como principal incumbência prestar assessoria a empresas na área de computação e informática.

Coordenador de Desenvolvimento

Profissional responsável pela administração de pessoal envolvido no planejamento e desenvolvimento de projetos de software.

DBA

(database administrator)

Indivíduo ou pessoa que administra um sistema de gerenciemento de banco de dados de uma empresa. Tem como função base manter o SGBD em pleno funcionamento de forma ininterrupta.

Digitador

Uma das primeiras profissões da área de computação responsável pela digitação e introdução de dados informativos para dentro do computador. O indivíduo que trabalha como digitador tem que ser bem treinado em datilografia para tornar rápida a entrada de dados.

Diretor de Tecnologia e Informática

Profissional responsável pelo plano diretor de informática e administração de novas tecnologias de uma determinada empresa. Deve ter conhecimentos de administração e uma boa bagagem das novas tecnologias da informação.

Engenheiro de Telecomunicações

Profissional que possui conhecimentos na área específica de telecomunicações, área de computação, área de circuitos eletrônicos e sistemas de comunicações. Esse profissional tem a incumbência de planejar, projetar, desenvolver e implementar sistemas e redes de comunicações, entre outras atividades afins.

Engenheiro de Computação

Profissional preparado para aplicar a matemática, a ciência e as novas tecnologias em soluções computacionais que abrangem as principais áreas da engenharia da computação que são: automação e controle, redes e telecomunicações e engenharia de software.

ENGENHEIRO DE MECATRÔNICA

Profissional que atua no ramo da engenharia que lida com os sistemas mecânicos, os sistemas do ramo da microeletrônica e os sistemas de computação. Esse profissional atua principalmente nas empresas da indústria manufatureira, : automobilística, aeronáutica, naval, eletroeletrônica, entre outras; atua também na indústria de processos: química, alimentos, entre outras; na área médica e bioengenharia : geração de energia, robótica e sistemas flexíveis de manufatura.

EXECUTIVO DE E-BUSINESS

(Comércio Eletrônico)

Indivíduo ou pessoa responsável pela administração de uma empresa de comércio eletrônico que deve possuir os seguintes conhecimentos de tecnologias da internet: sistemas de ERP, supply chain, CRM, logística e técnicas para um bom relacionamento com clientes.

GERENTE DE PROJETOS

Indivíduo ou pessoa com capacidade de administrar pessoas e o conhecimento de determinadas tecnologia para o gerenciamento de projetos de softwares.

GERENTE DE TECNOLOGIA

Indivíduo ou pessoa com capacidade de administrar pessoas e o conhecimento de novas tecnologias que devem ser selecionadas e/ou desenvolvidas para o bom andamento de uma empresa.

LICENCIADO EM COMPUTAÇÃO

Profissionais que têm como meta principal exercer o magistério em escolas de ensino fundamental e/ou médio contribuindo para as inovações nos processos de ensino e aprendizagem. Podem desenvolver atividades de docência e pesquisas em tecnologia e informática contemplando as últimas tendências do momento.

MCP

(Microsoft certified professional)

Profissional que possui o certificado da Microsoft que o capacita a implementar produtos e tecnologias da Microsoft como parte de uma solução de negócios de uma determinada empresa.

MCSA ON WINDOWS SERVER 2003

(Microsoft certified systems administrator)

Profissional que possui o certificado da Microsoft que o capacita a administrar o sistema operacional Windows Server 2003.

MCSD

(Microsoft Certified Solution Developer)

Profissional que possui o certificado da Microsoft que o capacita a desenvolver soluções para empresas utilizando-se de ferramentas da Microsoft tais como: (.NET Framework 1.0 and Microsoft .NET Framework 1.1).

MCSE

(Microsoft certified systems engineer)

Profissional que possui certificação da Microsoft que o capacita no desenvolvimento e implementação de infraestrutura para soluções de negócios baseado na plataforma Windows 2000 e outros sistemas servidores Windows.

OPERADOR DE COMPUTADOR

Profissão que tem como característica o manuseio de um computador de forma a manter esse computador funcionando sem interrupções. O operador é responsável pela interação direta com o computador através de um terminal de vídeo denominado console que atende as requisições de programas sendo executados.

PROGRAMADOR

Indivíduo responsável pela codificação (programação) de um sistema computacional. O programador deve receber do analista as especificações do sistema e transformar as especificações em um software desenvolvido em uma determinada linguagem de programação que possa ser submetido a um computador. O programador deve possuir um curso superior em computação ou apenas um curso técnico, que fornece subsídios que capacitam o indivíduo para a profissão.

SCBCD

(Sun Certified Business Component Developer)

Profissional que possui o certificado da Sun que o capacita usar a tecnologia EJB (*Enterprise JavaBeans*) para o desenvolvimento de componentes.

SCDJWS

(Sun Certified Developer For Java Web Services)

Profissional que possui o certificado da Sun que o capacita a criar serviços da Web para aplicações usando a tecnologia de componentes Java.

SCEA

(Sun Certified Enterprise Architect)

Profissional que possui o certificado da Sun que o capacita a desenvolver aplicações para a edição J2EE (plataforma *Enterprise Edition*).

SCJA

(Sun Certified Java Associate)

Profissional que possui o certificado da Sun que o capacita a desenvolver aplicações ou gerenciar um projeto de software utilizando a tecnologia Java. Este profissional tem conhecimento dos seguintes conceitos: programação orientada a objetos, linguagem de programação Java e plataforma Java.

SCJD

(Sun Certified Java Developer)

Profissional que possui o certificado da Sun que o capacita a ter conhecimentos avançados no uso da linguagem de programação Java usando a edição J2SE.

SCJP

(Sun Certified Java Programmer)

Profissional que possui o certificado da Sun que o capacita a ter proficiência nos fundamentos da linguagem de programação Java.

SCMAD

(Sun Certified Mobile Application Developer)

Profissional que possui o certificado da Sun que permite criar aplicações móveis usando a tecnologia Java para telefones celulares ou dispositivos "smart".

SCWCD

(Sun Certified Web Component Developer)

Profissional que possui o certificado da Sun que o capacita a ter proficiência em aplicações que utilizam a tecnologia *JavaServer Pages* e *servlets* em ambientes de serviços Web e conteúdo dinâmico da Web.

WEBDESIGNER

Pessoa ou indivíduo que é responsável pelo desenvolvimento e estruturação de páginas e portais da Web.

WEBMASTER

Indivíduo que trabalha no provedor de acesso à internet e é responsável pela manutenção de sites da web. Essa pessoa deve ter conhecimento de diversas ferramentas, como : ASP, JavaScript, Linguagem Java, Dreamweaver, Banco de Dados Oracle, MySQL, XML, HTML, Redes de Computadores, etc.

Anexo

Universidades Brasileiras em ordem alfabética e seus respectivos sites.

FACISA (Faculdade de Ciências Sociais Aplicadas)

www.facisa.edu.br

FURB (Universidade Regional de Blumenau)

www.furb.rctsc.br

FURG (Fundação Universidade Federal do Rio Grande)

www.furg.br

PUCCAMP (Pontifícia Universidade Católica de Campinas)

www.puccamp.br

PUC-MG (Pontifícia Universidade Católica de Minas Gerais)

www.pucminas.br

PUC-PR (Pontifícia Universidade Católica do Paraná)

www.pucpr.br

PUC-RJ (Pontifícia Universidade Católica do Rio de Janeiro)

www.puc-rio.br

PUC-RS (Pontifícia Universidade Católica do Rio Grande do Sul)

www.pucrs.br

PUC-SP (Pontifícia Universidade Católica de São Paulo)

www.pucsp.br

UAM (Universidade Anhembi Morumbi)

ww.anhembi.br

UBC (Universidade Braz Cubas)

www.brazcubas.br

UCAM (Universidade Cândido Mendes)

www.candidomendes.br

UCB (Universidade Castelo Branco)

www.castelobranco.br

UCB (Universidade Católica de Brasília)

www.ucb.br

UCDB (Universidade Católica Dom Bosco)

www.unibosco.br

UCG (Universidade Católica do Goiás)

www.ucg.br

UCP (Universidade Católica de Petrópolis)

www.ucp.br

UCPEL (Universidade Católica de Pelotas)

www.ucpel.tche.br

UCS (Universidade de Caxias do Sul)

www.ucs.br

UCSAL (Universidade Católica do Salvador)

www.ucsal.br

UDESC (Universidade do Estado de Santa Catarina)

www.udesc.br

UEA (Universidade do Estado do Amazonas)

www.uea.edu.br

UECE (Universidade Estadual do Ceará)

www.uece.br

UEG (Universidade Estadual de Goiás)

www.ueg.br

UEFS (Universidade Estadual de Feira de Santana)

www.uefs.br

UEL (Universidade Estadual de Londrina)

www.uel.br

UEM (Universidade Estadual de Maringá)

www.uem.br

UEMA (Universidade Estadual do Maranhão)

www.uema.br

UEMG (Universidade do Estado de Minas Gerais)

www.uemg.br

UEMS (Universidade Estadual de Mato Grosso do Sul)

www.uems.br

UENF (Universidade Estadual do Norte Fluminense)

www.uenf.br

UEPA (Universidade do Estado do Pará)

http://www.uepa.br

UEPB (Universidade Estadual da Paraíba)

www.uepb.edu.br

UEPG (Universidade Estadual de Ponta Grossa)

www.uepg.br

UERGS (Universidade Estadual do Rio Grande do Sul)

www.uergs.edu.br

UERJ (Universidade do Estado do Rio de Janeiro)

www.uerj.br

UERN (Universidade do Estado do Rio Grande do Norte)

www.uern.br

UESPI (Universidade Estadual do Piauí)

www.uespi.br

UFGD (Universidade Federal da Grande Dourados)

http://www.ceud.ufms.br/ufgd/

UFPE (Universidade Federal de Pernambuco)

www.ufpe.br

UFPEL (Universidade Federal de Pelotas)

www.ufpel.tche.br

UESB (Universidade Estadual do Sudoeste da Bahia)

www.uesb.br

UFAC (Universidade Federal do Acre)

www.ufac.br

UFAL (Universidade Federal de Alagoas)

www.ufal.br

UFAM (Universidade Federal do Amazonas)

www.ufam.edu.br

UFBA (Universidade Federal da Bahia)

www.ufba.br

UFC (Universidade Federal do Ceará)

www.ufc.br

UFCG (Universidade Federal de Campina Grande)

www.ufcg.edu.br

UFES (Universidade Federal do Espírito Santo)

www.ufes.br

UFF (Universidade Federal Fluminense)

www.uff.br

UFG (Universidade Federal de Goiás)

www.ufg.br

UFJF (Universidade Federal de Juiz de Fora)

www.ufjf.br

UFLA (Universidade Federal de Lavras)

www.ufla.br

UFMA (Universidade Federal do Maranhão)

www.ufma.br

UFMG (Universidade Federal de Minas Gerais)

www.ufmg.br

UFMS (Universidade Federal de Mato Grosso do Sul)

www.ufms.br

UFMT (Universidade Federal de Mato Grosso)

www.ufmt.br

UFOP (Universidade Federal de Ouro Preto)

www.ufop.br

UFPA (Universidade Federal do Pará)

www.ufpa.br

UFPB (Universidade Federal da Paraíba)

www.ufpb.br

UFPI (Universidade Federal do Piauí)

www.ufpi.br

UFPR (Universidade Federal do Paraná)

www.ufpr.br

UFRGS (Universidade Federal do Rio Grande do Sul)

www.ufrgs.br

UFRJ (Universidade Federal do Rio de Janeiro)

www.ufrj.br

UFRN (Universidade Federal do Rio Grande do Norte)

www.ufrn.br

UFRPE (Universidade Federal Rural de Pernambuco)

www.ufrpe.br

UFRR (Universidade Federal de Roraima)

www.ufrr.br

UFRRJ (Universidade Federal Rural do Rio de Janeiro)

www.ufrrj.br

UFS (Universidade Federal de Sergipe)

www.ufs.br

UFSC (Universidade Federal de Santa Catarina)

www.ufsc.br

UFSC (Universidade Planalto Catarinense)

www.uniplac.net

UFSCAR (Universidade Federal de São Carlos)

www.ufscar.br

UFSM (Universidade Federal de Santa Maria)

www.ufsm.br

UFU (Universidade Federal de Uberlândia)

www.ufu.br

UFV (Universidade Federal de Viçosa)

www.ufv.br

UGF (Universidade Gama Filho)

www.ufg.br

ULBRA (Universidade Luterana do Brasil)

www.ulbra.br

UMC (Universidade de Mogi das Cruzes)

www.umc.br

UNAERP (Universidade de Ribeirão Preto)

www.unaerp.br

UnB (Universidade de Brasília)

www.unb.br

UNEB (Universidade do Estado da Bahia)

www.uneb.br

UNESA (Universidade Estácio de Sá)

www.estacio.br

UNESC (Universidade do Extremo Sul Catarinense)

http://dcc.unesc.net/

UNESP (Universidade Estadual Paulista)

www.unesp.br

UNG (Universidade de Guarulhos)

http://eu.ansp.br/~ung

UNIABC (Universidade do ABC)

www.uniabc.br

UNIANA (Universidade Estadual de Anápolis)

www.uniana.rgi.br

UNIARA (Centro Universitário de Araraquara)

www.uniara.com.br

UNIB (Universidade Ibirapuera)

www.unib.br

UNIBAN (Universidade Bandeirantes de São Paulo)

www.uniban.br

UNICAMP (Universidade Estadual de Campinas)

www.unicamp.br

UNICAP (Universidade Católica de Pernambuco)

www.unicap.br

UNICENTRO (Universidade Estadual do Centro-Oeste)

www.unicentro.br

UNICID (Universidade Cidade de São Paulo)

www.unicid.br

UNICSUL (Universidade Cruzeiro do Sul)

www.portalunicsul.com.br

UNIDERP (Universidade para o Desenvolvimento do Estado e da Região do Pantanal)

www.uniderp.br

UNIFAP (Universidade Federal do Amapá)

www.unifap.br

UNIFENAS (Universidade José do Rosário Vellano)

www.unifenas.br/

UNIFOR (Universidade de Fortaleza)

www.unifor.br

UNIFESP (Universidade Federal de São Paulo)

www.unifesp.br

UNIFRA (Centro Universitário Franciscano)

www.unifra.br

UNIFRAN (Universidade de Franca)

www.unifran.br

UNIG (Universidade de Nova Iguaçu)

www.unig.br

UNIGRANRIO (Universidade do Grande Rio)

www.unigranrio.com.br

UNIJUÍ (Universidade Regional do Noroeste do Estado do Rio Grande do Sul)

www.unijui.tche.br

UNIMARCO (Universidade São Marcos)

www.server.marcos.br

UNIMEP (Universidade Metodista de Piracicaba)

www.unimep.br

UNIMES (Universidade Metropolitana de Santos)

www.unimes.com.br

UNIOESTE (Universidade Estadual do Oeste do Paraná)

www.unioeste.br

UNIP (Universidade Paulista)

www.unip.br

UNIPE (Universidade de Ensino Superior do IPE)

www.unipe.br

UNIR (Fundação Universidade Federal de Rondônia)

www.unir.br

UNIRIO (Universidade do Rio de Janeiro)

www.unirio.br

UNISA (Universidade Santo Amaro)

www.unisa.br

UNISANTA (Universidade de Santa Cecília)

www.stcecilia.br

UNISANTOS (Universidade Católica de Santos)

www.unisantos.com.br

UNISC (Universidade de Santa Cruz do Sul)

www.unisc.br

UNISINOS (Universidade do Vale do Rio dos Sinos)

www.unisinos.br

UNISUL (Universidade do Sul de Santa Catarina)

www.unisul.rct-sc.br

UNIT (Universidade Tiradentes)

www.unit.br

UNITAU (Universidade de Taubaté)

www.unitau.br

UNITINS (Fundação Universidade do Tocantins)

www.unitins.br

UNIVAP (Universidade do Vale do Paraíba)

www.univap.br

UNIVASF (Universidade Federal do Vale do São Francisco)

www.univasf.edu.br

UNIVERSO (Universidade Salgado de Oliveira)

www.universo.g12.br

UNOESTE (Universidade do Oeste Paulista)

www.unoeste.br

UPE (Universidade de Pernambuco)

www.upe.br

UPF (Universidade de Passo Fundo)

http://upf.tche.br

UPM (Universidade Presbiteriana Mackenzie)

www.mackenzie.br

URCA (Universidade Regional do Cariri)

www.urca.br

URCAMP (Universidade da Região de Campanha)

http://attila.urcamp.tche.br

URI (Universidade Regional Integrada do Alto Uruguai e das Missões)

www.uri.br

USC (Universidade do Sagrado Coração)

www.usc.br

USF (Universidade São Francisco)

www.usf.com.br

USJT (Universidade São Judas Tadeu)

www.usjt.br

USP (Universidade de São Paulo)

www.usp.br

USU (Universidade Santa Úrsula)

www.usu.br

UTFPR (Universidade Tecnológica Federal do Paraná)

www.utfpr.edu.br

UVA (Universidade Estadual do Vale do Acaraú)

www.uvanet.br

UVA (Universidade Veiga de Almeida)

www.uva.br

Anexo

Algumas importantes Universidades internacionais que possuem cursos de computação e seus respectivos sites.

ABILENE CHRISTIAN UNIVERSITY (TX)

http://www.acu.edu

http://www.acu.edu/academics/sitc.html

ADELPHI UNIVERSITY (NY)

http://www.adelphi.edu

http://academics.adelphi.edu/artsci/math

ALABAMA A&M UNIVERSITY (AL)

http://www.aamu.edu

http://www.aamu.edu/ComputerScience/csd_webpage

ANDERSON UNIVERSITY (IN)

http://www.anderson.edu

http://www.anderson.edu/academics/cpsc/index.html

APPALACHIAN STATE UNIVERSITY (NC)

http://www.appstate.edu

http://www.web.appstate.edu/academics/graduate.html

BROWN UNIVERSITY

http://www.cs.brown.edu

Columbia University
http://www.cs.columbia.edu

Dalhousie University
http://www.cs.dal.ca

Indiana University
http://www.cs.indiana.edu

Middlesex University
http://www.cs.mdx.ac.uk

Newcastle University
http://www.cs.ncl.ac.uk

Northeastern University
http://www.ccs.neu.edu

Oxford University
http://web.comlab.ox.ac.uk/oucl

Stanford Computer Science
http://www.cs.stanford.edu

UCIrvine (Donald Bren School of Information and Computer Sciences)
http://www.ics.uci.edu

UCLA
http://www.cs.ucla.edu

UCL - University College London
http://www.cs.ucl.ac.uk

University of Aberdeen
http://www.csd.abdn.ac.uk

University of Alberta
http://www.cs.ualberta.ca

University of Auckland
http://www.cs.auckland.ac.nz

University of Bristol
http://www.cs.bris.ac.uk

University of Calgary
http://www.cpsc.ucalgary.ca

University of CalifOrnia
http://www.cs.ucsb.edu

University of Cambridge
http://www.cl.cam.ac.uk

University of Canterbury
http://www.cosc.canterbury.ac.nz

University of Chicago
http://www.cs.uchicago.edu

University of Colorado
http://www.cs.colorado.edu

UNIVERSITY OF COPENHAGEN

http://www.diku.dk

UNIVERSITY OF CYPRUS

http://www.cs.ucy.ac.cy

UNIVERSITY OF EDINBURGH

http://www.inf.ed.ac.uk

UNIVERSITY OF ESSEX

http://cswww.essex.ac.uk

UNIVERSITY OF EXETER

http://www.secam.ex.ac.uk/dcs

UNIVERSITY OF GLASGOW

http://www.dcs.gla.ac.uk

UNIVERSITY OF HOUSTON

http://www.cs.uh.edu

UNIVERSITY OF IOWA

http://www.cs.uiowa.edu

UNIVERSITY OF MARYLAND

http://www.cs.umd.edu

UNIVERSITY OF ILLINOIS AT URBANA CHAMPAIGN

http://www.cs.uiuc.edu

UNIVERSITY OF LEICESTER

http://www.mcs.le.ac.uk

UNIVERSITY OF MASSACHUSETTS AMHERST

http://www.cs.umass.edu

UNIVERSITY OF MELBOURNE

http://www.csse.unimelb.edu.au

UNIVERSITY OF MINNESOTA

http://www.cs.umn.edu

UNIVERSITY OF NEW MEXICO

http://www.cs.unm.edu

UNIVERSITY OF NORTHERN IOWA

http://www.cs.uni.edu/

UNIVERSITY OF OREGON

http://www.cs.uoregon.edu

UNIVERSITY OF ROCHESTER

http://www.cs.rochester.edu

UNIVERSITY OF SAN FRANCISCO

http://www.cs.usfca.edu

UNIVERSITY OF SHEFFIELD

http://www.shef.ac.uk/dcs

University of Tennessee
http://www.cs.utk.edu

University of Utah
http://www.cs.utah.edu

University of Virginia
http://www.cs.virginia.edu

University of Washington
http://www.cs.washington.edu/

UnivestiTy of Waterloo
http://www.cs.uwaterloo.ca

University of Wisconsin-Madison
http://www.cs.wisc.edu

The Guardian University
http://www.ecs.soton.ac.uk/news

The University of Arizona
http://www.cs.arizona.edu

The University of Birmingham
http://www.cs.bham.ac.uk

The University of Liverpool
http://www.csc.liv.ac.uk

The University of Manchester
http://www.cs.man.ac.uk

The University of Texas at Austin
http://www.cs.utexas.edu

The University of Warwick
http://www.dcs.warwick.ac.uk

The University of York
http://www.cs.york.ac.uk/public.php

Anexo

Algumas Empresas Brasileiras e multinacionais de tecnologia de maior destaque e seus respectivos sites.

ACER

www.acer.com

AMD

www.amd.com

AOC

www.aoc.com

APPLE

www.apple.com

AT&T

www.att.com

CISCO

www.cisco.com

COBRA

www.cobra.com.br

CPQD

www.cpqd.br

DATAPREV

www.dataprev.gov.br

DATASUL

www.datasul.com.br

DELL

www.dell.com

EMBRATEL

www.embratel.com.br

HP

www.hp.com

IBM

www.ibm.com

INTEL

www.intel.com

ITAUTEC

www.itautec.com.br

LG ELETRONICS

www.lge.com

MICROSOFT

www.microsoft.com

MOTOROLA

www.motorola.com

NEC

www.nec.com

NOKIA

www.nokia.com.br

NOVADATA

www.novadata.com.br

PROMON TECNOLOGIA

www.promon.com.br

SAMSUNG

www.samsung.com

SCOPUS

www.scopus.com.br

SERPRO

www.serpro.gov.br

SUN MICROSYSTEMS

www.sun.com

UNISYS

www.unisys.com

XEROX

www.xerox.com